더 클래식

눈과 귀로
느끼는
음악가들의 이야기

더 클래식
The Classic

김호정 지음

중앙books
The JoongAng Plus

이 음악은 왜 좋을까?

음악이 말을 뛰어넘는다는 데에 동의합니다. 언어로 표현할 수 없는 생각, 설명이 안 되는 마음을 위해 음악이 있다고도 생각합니다. 이 책은 어쩌면 이런 믿음에 반대되는 시도일지도 모릅니다. 어떤 음악을 듣고 마비되듯 멈췄던 순간, 가슴이 뛰던 순간의 이유를 찾으려는 노력이니까요.

클래식 음악가들의 스타일을 분석하는 책입니다. 예를 들어 세계적으로 뜨거운 관심을 받게 된 피아니스트 임윤찬은 소리와 소리 사이의 간격을 조절하는 감각을 가지고 있습니다. 또 이전에 들리지 않았던 소리를 강조하려는 본능도 보입니다. 이런 식으로 자신만의 세계를 강렬하게 표출하는 음악가들의 특징을 살펴봤습니다.

총 16명의 음악가가 주요하게 등장하는데요, 어떤 음악가는 모든 감정을 분출하고, 누군가는 절제합니다. 이 책은 같은 음악의 같은 부분에 대한 연주자마다의 다른 해석을 들을 수 있도록 영상과 음원을 텍스트 사이에 넣었습니다. 글로 설명해 드리는 딱 그 부분에서 음악이 시작하는 것을 들으며 음악가들의 스타일을 비교해 볼 수 있습니다.

제가 음악가였다면 이런 시도는 절대 하지 않았을 겁니다. 음악이라는 강력한 무기가 있으니까요. 하지만 기사를 쓰고 콘텐트를 만들어내는 인생을 살면서, 음악을 말로 풀어내지 못하면 제가 할 일이 별로 없다는 생각을 하게 됐습니다. 어떤 멜로디나 특정한 화음을 듣고 벅찬 감동을 느꼈던 이유에 대해 조금이나마 실마리를 찾아보고 싶었습니다. 음악가들이 인간의 감정과 신념을 음악으로 코딩한다면, 저는 디코딩하는 작업을 해본 겁니다. 예를 들어 '이 피아니스트의 연주는 왜 이렇게 좋지?'에 대해 조금이라도 궁금해 본 사람들과 이렇게 소통할 수 있으리라 희망했습니다.

또 그렇게 알게 되는 음악가들 사이의 차이에서 재미를 느낄 수 있으니까요. 음악가마다 다른 방식을 찾아가다 보면 결국 사람 자체를 들여다보게 됩니다. 같은 곡을 놓고도 음악가들은 서로 다른 소리를 상상하고, 전달하는 방식도 판이합니다. 모두가 다른 사람이기 때문에 우리는 그 오래된 악보를 놓고 수백 년 동안 반복하고 또 반복하는 거겠죠. 이런 생각은 클래식 음악의 생명력을 설명하는 제 나름의 접근법이 됐습니다.

이 책은 중앙일보의 구독 서비스인 더중앙플러스에 연재했던 '김호정의 더 클래식'을 모으고 덧붙여 다듬은 것입니다. 제가 청중으로서 편애하는 피아노 부문을 따로 떼어내 추렸고, 20세기의 추억을 부르는, 그리고 지금은 고인이 된 옛 음악가들의 이야기를 추가했습니다. 더중앙플러스에서 연재하는 동안 많은 힘을 주셨던 구독자 분들과 책으로도 즐겁게 소통하고자 하는 마음입니다.

저도 음악 관련한 책을 닥치는 대로 읽는 편입니다만, 이런 책은 본 적이 없는 것 같습니다. 음악가들의 스타일을 분석하기 위해 악보와 동영상을 추가하고, 무엇보다 음악 작품을 중간중간 잘라서 '여기만 들어보세요!'라며 들이미는 문법 말입니다. 독자도 낯설어 할 것 같고, 길고 유구한 호흡의 음악을 단면만 보는 일이 될 수도 있습니다.

그래도 클래식 음악에 대해 소통할 때 들으며 읽는 방법이야말로 가장 효과적이라는 강한 믿음으로 이 시도를 책으로 옮겨봅니다. 이 책에서 음악의 단면으로 즐거움을 느끼신 독자들이 음악의 전체를 듣게 되고, 본인의 취향을 발견해 깊고 깊게 들어가 보시리라 믿습니다.

이 시도는 책뿐 아니라 더중앙플러스에 온라인으로 서비스할 때도 낯선 형태였습니다. 글과 영상의 호흡이 뒤섞이는 콘텐트였으니까요. 하지만 더중앙플러스에 연재를 시작할 때 그 누구도 부정적인 사람이 없었습니다. 모두가 '해보자'고 했죠. 새로움을 향해 늘 열려 있는 회사의 시각에 감사함을 느낍니다. 또 더운 여름부터 추운 가을까지 이리저리 도망 다닌 저를 인내로 끝까지 기다리며 책을 완성하도록 도와준 이상민 편집자께도 고맙습니다. 무엇보다 지금 이 글을 쓰고 있는 순간에도 부엌에서 아이들의 식사를 챙기고 있는 YH, 또 글 쓰는 엄마에게 밥을 한 숟갈씩 배달해주는 MJ와 JH에게 고맙습니다.

이제 이 내용은 독자의 것입니다. 저의 관점과 의견에 여러분의 견해와 감동이 풍성하게 더해지리라 믿습니다. 감사합니다.

2024년 가을
김호정

차례

PART I.
더 피아니스트

PART 2.
더 뮤지션

PART 3.
더 레전드

PART I.

더
피아니스트

The Pianist

백건우
건반 위의 서정적인 구도자

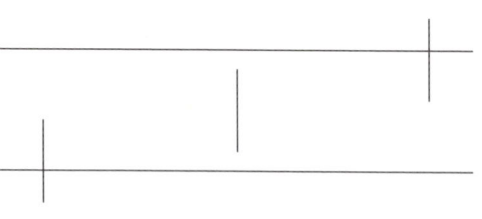

자, 우리 모두가 피아니스트라 상상해 보겠습니다. 다음 악보를 보고 어떻게 연주할지 결정해 보는 겁니다. 참고로 작곡가는 모차르트입니다.

앞의 두 마디에는 pp, 뒤의 두 마디에는 f, 마지막 두 마디에는 p가 표시돼 있죠. 아주 작게, 그다음은 크게, 그리고 다시 작게 연주하라는 뜻입니다. 피아니스트 조성진이 악보를 충실히 따르는 연주를 먼저 들어보겠습니다.

(4분 40초부터)
모차르트, 피아노 소나타 12번
피아노: 조성진

여리고, 세고, 다시 여려졌죠? 이제 피아니스트 백건우의 연주로 같은 부분을 들어보죠.

(4분 52초부터)
모차르트, 피아노 소나타 12번
피아노: 백건우

다른 해석이 들리시죠? 백건우는 음량뿐 아니라 소리의 무게에 거의 차이를 두지 않고 여섯 마디를 연주하고 있습니다.

백건우는 한국의 청중에게 특히 사랑받는 피아니스트입니다. 이 정도로 넓고 깊은 호감을 얻는 피아니스트가 또 나올 수 있을까 싶습니다. 그렇다면 그 음악의 특징은 무엇일까 궁금해지죠. 저는 무게감이라고 우선 말하겠습니다. 백건우는 위의 여섯 마디를 p로 계속하는 것이 아니라 메조 포르테(조금 세게) 정도로 지속하죠. 모차르트 음악에서 보통 기대하게 되는 장식성이 사라지고 묵직함이 그 자리를 차지합니다.

우리가 들어본 모차르트 소나타 12번 K. 332는 백건우가 2024년 낸 모차르트 음반의 수록곡인데요, 이 1악장을 쭉 들어보면 일관된 해석이 보입니다. 세세한 부분에 집중하기보다는 전체적인 그림을 그려냅니다. 특히 감정의 굴곡이 크지 않습니다.

묵묵히 덤덤하게 내딛어 가는 모차르트입니다. 점점 작게, 점점 크게 같은 지시어에 집중하지 않습니다. 거의 일관된 발걸음으로 걸어가는데, 그 무게는 일반적인 모차르트 해석에 비해 무겁고 두텁습니다. 조성진 또한 감정적인 쪽과는 거리가 먼 피아니스트인데도, 비교해보면 차이가 확실할 정도로 말입니다. 이런 백건우의 해석에 대해 영국의 음악 잡지 그라모폰은 '바위와 같다'고 비유했습니다. 베토벤 소나타 17번 '템페스트' 연주에 대한 평이었죠.

롤러코스터보다는 화물열차

백건우의 무게감이 정말 큰 충격을 줬던 적이 있습니다. 바로 2007년 서울, 베토벤 소나타 전곡 연주에서였죠. 그는 32개의 베토벤 소나타를 일주일 동안 연속으로 연주했습니다. 그 대장정 자체도 놀라웠지만, 가장 인상적이었던 한 장면은 23번 소나타 '열정' 3악장에 있었습니다.

베토벤은 이 소나타의 시작 부분에서 '빠르게, 그러나 지나치지 않게(Allegro ma non troppo)'라고 지시했습니다. 하지만 마지막 두 페이지의 속도는 '매우 빠르게(Presto)' 연주하라고 해놨죠. 백건우가 이 마지막 속도에 도착하는 장면을 보시겠습니다.

(7분 7초부터)
베토벤, 피아노 소나타 23번 '열정'
피아노: 백건우

처음 이 연주를 듣고는, 그 속도감에 놀라게 됩니다. '아무리 프레스토여도 이렇게 빠르게 친다고?' 그리고 뒤로 갈수록 전혀 물러서지 않고 속도를 더 높이죠.

비교해 보겠습니다. 박력으로는 여간해서 밀리지 않는 피아니스트 예프게니 키신의 연주입니다.

7분 4초부터

베토벤, 피아노 소나타 23번 '열정'
피아노: 예프게니 키신

두 연주 모두 불(火)이죠. 그런데 키신의 불이 문명화된 사회에서의 화재 정도라면, 백건우의 불은 인간도 생명도 없는 시절의 원시적인 불꽃과 같습니다. 무자비하게 밀고 나가죠.

그런데 이 차이가 오직 속도 때문일까요? 그렇지 않고, 바로 무게 때문입니다. 백건우의 프레스토는 단지 빠르기만 한 것이 아니라 건반의 바닥까지 긁어내려 갈 정도로 묵직하면서 빠릅니다. 근육질의 전력 질주죠. 8분음표보다 더 짧은 16분음표가 나오는 부분에서 꼭 호랑이가 포효하는 것처럼 무겁고 깊은 소리, 들리시나요. 그래서 백건우의 '열정' 3악장 프레스토는 롤러코스터가 아닙니다. 옛날식으로 석탄을 잔뜩 싣고 폭주하는 뜨거운 열차입니다. 우리가 백건우의 타건에 압도당하는 이유가 여기에 있습니다.

작곡가에 대한 탐구

물론 백건우의 가장 유명한 초상은 한 작곡가를 깊이 탐구하는 구도자입니다. 그러니까 어떤 음악 작품을 '잘' 연주하는 데에 목표가 있지 않고, 그 작품을 둘러싼 모든 이야기에 깊은 관심을 가지는 피아니스트죠. 미국 시골의 음악 학원에서도 클로드 드뷔시의 처음 보는 곡을 찾아냈다고 인터뷰에서 이야기해 주더군요. 어떤 도시에 갈 때마다 도서관은 물론 악보점에 꼭 들르고, 옛 작곡가들의 살아 있는 후손을 만나고, 작곡가들이 걸었던 길을 걸어보기도 합니다.

그렇게 그는 라벨·무소륵스키·프로코피예프·쇼팽·베토벤 등의 작곡가에 대한 등정을 이어왔습니다. 그 시작이었던 1972년, 백건우가 뉴욕에서 열었던 모리스 라벨 전곡 연주에 대한 뉴욕타임스의 평을 볼까요? 두 번의 중간 휴식, 2시간 30분 동안 이어진 연주에 대한 기록입니다. "백건우는 탁월한 라벨 해석가다. 이러한 프로그램을 통해 흥미를 부르는 탁월한 피아니스트는 오늘날 거의 없을 것이다."(레이먼드 에릭슨, 1972년 11월 29일 뉴욕타임스) 그 시절 뉴욕에서 호평을 받은 백건우의 '구도의 길'은 지금까지도 이어지고 있습니다.

작곡가의 거의 모든 것을 탐구하는 일은 중요합니다. 그런데 이게 전부가 아닙니다. 백건우와 작곡가에 대해 대화해 보면 더 흥미로운 점이 있습니다. 바로 작곡가의 생애와 작품을 시각적으로 풀어낸다는 겁니다. 예를 들어 이런 것들입니다. 베토벤의 소나타 전곡을 연주하기에 앞서서는 베토벤이 산책했던 길에 대해 묘사했습니다. 청각 장애 등의 고통에 눌려 유서를 썼던 시기의 산책로였죠. 베토벤의 음악에서 그때 봤던 산책로를 떠올린다는 설명이었습니다.

또 로베르트 슈만의 마지막 작품인 '유령 변주곡'을 녹음할 때는 이런 장면을 소개했습니다. "정신병에 시달리던 슈만이 가족들에게 폐를 끼치기 싫어 자신의 손으로 짐을 싸서 직접 정신병원에 들어갔죠. 사랑하는 아내 클라라와 아이들에게 위협이 되지 않게 자기 자신이 집에서 혼자 걸어나온 거예요." 커다란 가방을 들고 집에서 걸어나오는 작곡가의 모습이 그려집니다. 연주를 위해 찾을 수 있는 거의 모든 자료를 찾고, 갈 수 있는 곳을 방문하는 피아니스트 백건우는 이처럼 그 연구에 대해 시각적인 인상을 가지게 되는 듯합니다. 그의 연주에서도 많은 경우에 그림이 그려지는 이유이기도 하고요.

유난히 무겁고 음울하고 깊은 '유령 변주곡'을 들어보겠습니다. 많이 연주되는 곡은 아니지만 피아니스트들이 보통 10분 내외로 끝내는 곡인데요, 백건우는 16분 정도의 속도로 연주합니다. 가족을 떠나는 작곡가, 결국에는 돌아오지 못하고 세상을 떠날 작곡가의 발걸음이 눈앞에 그려지는 해석입니다.

슈만, '유령 변주곡'
피아노: 백건우

백건우는 열 살에 데뷔 무대에 섰고 한평생 피아노를 친 음악가입니다. 하지만 진정한 영화 마니아이기도 하죠. 뉴욕에서 유학한 시절에도 구할 수 있는 영화를 모두 구해 봤다고 합니다. 러시아 작곡가 모데스트 무소륵스키의 작품들을 연주한 이유에 대해 물었더니 "뉴욕에서 봤던 러시아 영화 때문"이라고 답하더군요. 백건우의 음악 아래에 늘 시각적인 영감이 깔려 있는 데에는 영화에 대한 지극한 사랑이 있을 거라고 생각해 볼 수 있습니다.

피아니스트들을 만나고, 또 그의 연주를 들으면 그들의 말과 음악이 얼마나 닮아 있는지 놀라울 정도입니다. 조리 있고 설득력 있게 말하는 사람은 음악도 똑 떨어집니다. 다른 사람의 감정을 잘 알아채는 피아니스트는 연주에서도 그런 따뜻함이 뚝뚝 떨어집니다. 그리고 백건우는 필요한 말만 하며 통찰을 담는 사람입니다. 음악도 그렇습니다. 뚜벅뚜벅 굵은 선으로 할 말만 합니다. 간결하지만 진심이 있고, 세련된 스타일을 위해 타협하지 않습니다.

백건우의 결정적 순간

1946년	출생
10세	해군교향악단과 데뷔
15세	도미
23세	부소니 국제 콩쿠르 입상
25세	뉴욕 나움부르크 콩쿠르 우승
26세	라벨 독주곡 전곡 연주(링컨센터)
28세	런던 위그모어 홀 연주
41세	런던 BBC 프롬스 폐막 공연
46·47세	디아파종상 수상
54세	프랑스 예술 문화 기사 훈장
61세	베토벤 소나타 전곡(32곡) 공연
71세	베토벤 전곡 재공연
73세	쇼팽 녹턴 전곡 음반 발매

"앞이 캄캄했다"는
젊은 시절

"여기 어려운 길을 택한 한 남자가 있다. 20년 전, 백건우는 (중략) 큰 음악적 경력을 쌓을 준비가 돼 있었다. 그러다가 갑작스럽게 파리로 이주해 거의 은퇴를 선언했다."

미국의 유명한 음악 평론가 알렉스 로스는 1992년 뉴욕타임스에 이렇게 썼다. 맞는 말이다. 백건우의 경력은 무척 화려했다. 서울에서는 신동이라 불리며 대형 무대에 섰다. 그때 쳤던 곡들이 대단하다. 그리그의 피아노 협주곡(10세에 데뷔 무대), 무소륵스키 '전람회의 그림'(11세에 한국 초연). 어렵고 거대한 음악들이었다.

미국에도 어린 시절 건너갔다. 15세였다. 줄리아드 음악원에서 로지나 레빈을 사사하고 각종 콩쿠르에 입상했다. 하지만 알렉스 로스의 묘사처럼 백건우는 이런 경력들을 일부러 떠나서, 유럽으로 거처를 옮겼다. 처음에는 런던으로, 그다음에는 파리로. 한동안 자기 안으로 침잠했다.

왜였을까. "사람들이 칭찬하면 거짓말 같고 받아들여지지 않았어요. 내가 어떻게 삶을 살고 음악을 어떻게 할 건지 답이 안 나와. 앞이 캄캄했어." 인터뷰에서 그는 스스로 음악을 만들어 가는 독립의 과정을 강조했다. "나는 미국으로 가기 전에는 음악이 뭔지, 피아노가 뭔지 모르고 그냥 쳤어. 한마디로 엉터리지. 어려운 곡을 쳤다 해서 최연소다, 최초다 했는데 아무 의미가 없었어요. 그리고 미국으로 가서 이제 공부 시작해야 하는데 한국에서의 경험이 너무 안 좋아서 오히려 피아노하고 거리를 두게 되더라고. 음악은 끌리는데 악기가 두려운 거라."

뉴욕에서도 백건우는 음악의 길을 찾아보기 위해 여러 시도를 했다. "음악에 관한 건 뭐든지 했어. 노래 반주, 실내악, 오페라 반주, 보컬 코칭의 반주, 발레 연습 아르바이트, 브로드웨이의 뮤지컬과 연극 반주. 하여튼 다 했어요. 줄리아드 음악원에는 또 좋은 클래스가 많아서 콘트라베이스, 첼로 이런 반주도 다 하고."

내 음악이 뭔지 찾기 위해, 그는 결국 미국을 떠났다. "낡은 피아노 한 대와 악보만 가지고 완전히 혼자 공부를 시작했다"고 했다. 그제야 뭘 해야 하는지 보였다고도 했다. 그렇게 긴 여정을 시작했고, 백건우는 지금도 여전히 자신의 길은 끝나지 않았다고 여긴다. "내 머릿속에서 제일 많이 떠도는 단어는 언제나 '데뷔'야."

손열음
정확한데 유연하다

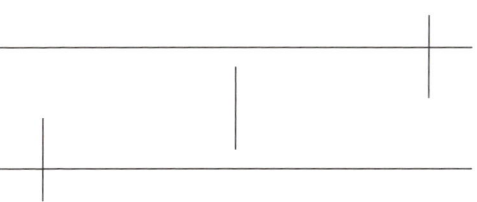

피아니스트 손열음의 앞에 악보를 다짜고짜 펼쳤습니다. 그가 한 번도 연주한 적이 없는 곡입니다. "자, 바로 쳐보세요." 그러자 이 피아니스트는 입꼬리를 살짝 올리면서 건반에 손을 올립니다. 음악은 제대로 나올까요?

손열음은 '빠른 완성형' 피아니스트로 유명합니다. 처음 보는 악보를 읽어 바로 음악으로 바꿔내고, 그걸 또 빨리 외우고, 무대에서 완전하게 연주해 낸다는 거죠. 이뿐 아니라 음의 높이를 정확하게 파악하는 절대음감, 그중에서도 더 정확한 절대음감을 가지고 있습니다. 여기에 눈으로 본 것을 사진 찍듯이 기억하는 '사진 기억력'까지 있고요.

손열음은 이런 '가진 것'이 얼마나 많은 피아니스트일까요? 그의 재능이 음악으로 어떻게 표현돼 나올까요? 지금부터 손열음의 음악을 들으며 알아보겠습니다.

바로 보고 바로 친다

음악은 묘기도, 서커스도 아니지만 가끔은 그만큼 흥미롭습니다. 손열음이 연주해 본 적이 없는 곡의 악보를 피아노 앞에 딱 펼쳐서 올려놔 봤습니다. 처음 보는 악보(쇼팽)를 보자마자 치는, 초견(初見) 실험입니다. 손열음은 처음 치는 이 곡을 거의 무대에서 연주할 수 있는 수준으로 해냅니다. 무엇보다 속도가 원곡 그대로입니다. 물론 그의 귀에 익은 음악이긴 하겠지만 복잡한 악보입니다. 이를 단번에, 종으로 또 횡으로 읽어내는 능력이 있습니다.

"어떻게 이런 일이 가능하냐"고 묻자 잠시 생각하던 손열음은 "무엇보다 귀를 막으면 못할 것 같다"고 합니다. 손을 움직이는 것보다 귀로 듣는 것이 중요하다는 뜻입니다.

여기서 손열음을 설명하는 가장 중요한 키워드가 나옵니다. 바로 '귀'입니다. 모든 것은 귀 덕분입니다. 소리를 잘 듣고, 미세한 차이를 잡아냅니다. 타고났다고밖에는 할 수 없는 좋은 귀를 가지고 있습니다.

조회 수 2200만의 비밀

그럼 이렇게 잘 듣는 피아니스트가 어떻게 연주하는지 살펴보겠습니다. 우선 가장 유명한 연주 영상을 보죠. 이 글을 쓰고 있는 현재 이 동영상의 조회 수는 2243만 4394회. 댓글은 1만 개 이상입니다. 댓글은 마치 열렬한 신앙 고백 같습니다. '클알못인데 피아노 연주에 처음으로 숨죽였다' '모차르트가 기뻐할 만한 연주'라고 하네요.

손열음이 2011년 러시아에서 연주한 모차르트 협주곡 21번 영상입니다. 차이콥스키 국제콩쿠르 무대였죠. 모차르트 연주 영상 중 이 정도로 인기 높은 것이 또 있었을까요.

이 30분 남짓한 모차르트를 듣고 나면, 이상하게도 모든 감각이 깨어난 듯한 느낌이 듭니다. 마치 마법에 홀린 듯 '수십 번씩 봤다'는 고백이 이어지고 있습니다. 무엇이 우리를 잡아끄는 걸까요?

한마디로 정리하면 '맛있게' 연주하기 때문입니다. 손열음의
연주에는 맛이 밍밍한 부분이 없습니다. 예를 들어 2200만 모차르
트의 영상 중에 이런 부분입니다. 두 영상을 비교해 들어 보세요.

(3분 19초부터)
모차르트, 피아노 협주곡 21번
피아노: 손열음

(2분 47초부터)
모차르트, 피아노 협주곡 21번
피아노: 게자 안다

다르게 들리죠? 상대적으로 두 번째 연주는 요즘 말로 '무맛'
으로 느껴지지 않나요? 그렇다면 다시 궁금해집니다. 손열음식의
별미는 왜 맛이 입체적일까?

피아노의 '딕션 장인'

모든 음이 다 들리기 때문입니다. 네, 손열음의 큰 특징은 모든 음
표가 정확하게 귀에 꽂힌다는 점입니다. 빈 오선지를 펼쳐놓고 들

으면 음을 다 받아 적을 수 있을 것 같습니다. 영화배우 중에서 대사 전달력이 좋은 이들을 '딕션 깡패'라 부른다죠. 한석규·김희애·박은빈·서현진 같은 배우 말입니다. 손열음은 '피아노 위의 딕션 장인'이라 할 수 있습니다. 모든 음절이 다 들리고 이해가 됩니다. 그 쾌감이 2200만 회 이상 반복 재생을 일으켰습니다.

또 다른 예는 이런 부분입니다. 다음 두 연주를 비교해 보면 해상도 차이를 알 수 있습니다. 특히 왼손을 보세요. 손열음의 연주가 오돌토돌한 자갈밭 같다면, 두 번째 연주는 촉촉한 진흙길 같지 않나요? 여러분은 어느 쪽이 더 좋으신가요? 이고르 스트라빈스키의 '페트루슈카'입니다.

(1분 25초부터)
스트라빈스키, '페트루슈카'
피아노: 손열음

(1분 7초부터)
스트라빈스키, '페트루슈카'
피아노: 카티아 부니아티슈빌리

손열음의 연주 영상을 보면 입으로 뭔가를 중얼중얼거립니다. 주문 거는 거 아니고요, 손으로 치고 있는 음의 계이름을 입으로 부르는 겁니다. "도미솔미솔" 이런 식으로요. 모든 음을 하나도 빼놓지 않고 들려주는 피아니스트답지 않나요? 본인은 "일종의 정리벽 같은 습관"이라고 합니다. 평소에 물건의 색을 맞추고 줄 세워놓는 습관이 있다고요. 피아노를 칠 때도 손열음은 모든 음들을 조화롭게 나열하고 정리해서 질서정연하게 내놓습니다. 그의 실제 연주를 보고 있으면 '소리가 조금이라도 안 들리거나 모호해지는 것을 답답해하고 참지 못하는 피아니스트구나'라는 생각이 든답니다.

마지막 질문입니다. 손열음은 어떻게 이런 연주를 할 수 있는 걸까요. 해상도 높고 선명한 연주 말입니다. 여기에 대한 대답은 다시 한 글자입니다. '귀'. 네, 이 모든 것은 귀의 능력 덕분입니다. 앞에서 봤듯 그는 복잡한 소리에서도 모든 부분을 듣습니다. 그렇게 해서 처음 보는 악보도 쓱쓱 쳐내고, 들은 음악은 바로 손으로 옮기죠.

이제 우리는 아주 고전적인 질문 앞에 서게 됩니다. '도대체 이런 능력은 타고난 것인가, 후천적으로 계발된 것인가.' 손열음은 "어려서부터 쳐보고 싶은 곡이 정말 많았다. 그래서 닥치는 대로 악보를 읽었다"고 했습니다. 오랜 시간 훈련됐다는 주장입니다. 하지만 악보를 빨리 읽는 능력이 애초에 없었다면 그만큼 많은 악보에 도전하지도 못했겠죠. 결국 '타고난 능력'과 '피나는 노력'의 절묘한

결합이 손열음 음악의 근간이라고 말할 수 있을 것 같습니다.

극단적 절대음감

앞에서 이야기한 대로 손열음은 또 절대음감이 극도로 발달한 피아니스트입니다. 피아노 건반을 누르면 그 음을 맞히는 것을 절대음감이라고 하죠. 그런데 손열음은 건반과 건반 사이의 음까지 알아맞힙니다. 음이 건반으로 딱딱 나뉘어 있는 피아노 말고, 바이올린과 같은 현악기로 표현하는 아주 미세한 차이까지 잡아냅니다. 쉽게 말해서 '미'와 '파' 사이에 피아노 건반은 없지만, 실제로는 소리가 존재하죠. 손열음은 그 사이의 음정도 구별해낼 수 있는 귀를 가지고 있습니다. 지나가는 구급차의 사이렌 소리, 깡통 두드리는 소리의 음정을 맞히는 것은 물론이고요.

이런 재능이 음악에는 어떻게 연결될까요? 손열음 음악의 빛깔에 답이 있습니다. 같은 음을 누를 때도 그의 소리는 넓은 스펙트럼으로 표현이 됩니다. 똑같은 음표도 그에게는 다 다르게 들린다는 거죠. 그래서 손열음의 연주에서는 다양한 빛깔이 쏟아져 나오는 인상을 받게 됩니다. 예를 들면 이런 부분입니다. 라흐마니노프 협주곡 2번의 3악장입니다.

(30분부터)
라흐마니노프, 피아노 협주곡 2번
피아노: 손열음

다음 연주와 비교해 보면 손열음의 정확한 딕션과 더불어 많은 색채를 확인할 수 있습니다. 엘렌 그리모의 연주입니다.

(5분 37초부터)
라흐마니노프, 피아노 협주곡 2번
피아노: 엘렌 그리모

또 많은 청중이 손열음의 리듬을 이야기합니다. 쫄깃하면서도 탱글탱글한, 손열음식 리듬 표현이 있거든요. 재즈 피아니스트를 찾아가 레슨을 받았던 일화도 유명합니다. 하지만 손열음은 "거쉬인, 라벨과 같은 20세기 작품에서는 재즈 공부가 도움됐지만, 그 이전 시대의 리듬은 분명히 다르다"고 말합니다. 즉 손열음식 리듬에 적합한 단어는 '재즈'보다도 '풍선'입니다. 손열음은 "리듬을 풍선처럼 늘려서 생각하려고 한다"고 했습니다. "바람이 꽉 차 있는 풍선처럼 리듬을 팽팽하게 스트레치해서 표현하는 것"이라고 설명했는데요,

다음 음악을 들으시면 무슨 말인지 쉽게 이해가 될 것 같습니다.

(처음부터)
카푸스틴, 8개의 연주회용 연습곡 중 7번
피아노: 손열음

이밖에도 손열음의 '재능'을 표현할 키워드는 많습니다. 그는 말 그대로 유연합니다. 손과 팔의 유연성이 높아서 다른 사람이 하지 못하는 동작을 쉽게 하기도 합니다. 이를테면 엄지 손가락을 뒤집어 팔목에 닿도록 하는 자세가 가능하죠. 이게 뭐 그리 큰 재능인가 싶을 수도 있겠지만 손열음이 모차르트부터 재즈까지 다루는 손을 보게 되면 관절의 유연성이 그대로 음악을 구부리고 펴는 자유로 연결된다는 것을 들을 수 있습니다.

또 사진 기억력도 있습니다. 악보를 볼 때도 사진 찍듯이 본다는 이야기입니다. 그래도 만일 악보의 판본이 달라지고, 왼쪽에 있던 페이지가 오른쪽으로 인쇄되는 변화가 생긴다면 제대로 연주할 수 없다고 하더군요. 이런 재능을 한꺼번에 가진 피아니스트가 과연 있을까요? 몇이나 있을까요?

천재라는 말은 주의해서 사용해야 합니다. 고유한 예술성을 오히려 가릴 수 있으니까요. 하지만 이렇게 많이 타고난 사람한테는 천재라는 수식어를 붙여도 되지 않을까요. 들으면 바로 피아노로 옮길 수 있는 귀, 모든 소리를 하나하나 청중에게 전달하는 손, 그리고 탱탱한 풍선처럼 리듬을 만드는 유연한 근육들. '많이 가진' 피아니스트 손열음은 그러나 "정성 들여 오랫동안 만들어낸 음악을 목표로 하고 있다"고 얘기해 줬습니다. 그 누구보다 단거리 스퍼트를 잘할 수 있지만, 마라톤 완주를 여러 차례 자꾸 해내고 싶다는 말로 들렸습니다.

"최근 라흐마니노프 협주곡 3번 3악장을 연주하는데 변주곡 구조로 접근해 봤다. 주제들이 조금씩 다르고 비슷하게 나오는 것을 설정했다. 이렇게 전체 구조가 타당하도록 연주하는 데에 공을 들이고 있다."

더 클래식

강원도 원주에서 전 세계로

1986년	출생(원주)
1997년	영 차이콥스키 콩쿠르 최연소 2위
1999년	오벌린 국제 콩쿠르 우승
2002년	한국예술종합학교 영재입학
2009년	반 클라이번 콩쿠르 2위, 최우수 실내악 연주상
2011년	차이콥스키 국제 콩쿠르 2위, 모차르트 협주곡상
2018~2022년	평창대관령음악제 예술감독
2019년	런던 BBC 프롬스 데뷔
2018~2022년	네덜란드 헤이그 레지덴티 오케스트라 상주음악가
2024년	독일, 호주, 노르웨이, 미국, 캐나다 등에서 연주

초5에 비행기 혼자 타고
러시아로

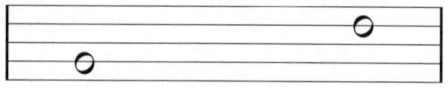

　부모의 뒷바라지가 유난한 음악계에서 손열음은 독립적으로 자랐다. 1997년 초등학교 5학년에 혼자 비행기를 타고 러시아에 갔다. 모스크바에서 상트페테르부르크로 비행기를 갈아타고, 공항에서 버스를 타야 하는 일정이었다. 손열음은 혼자 날아가 영 차이콥스키 콩쿠르에서 1위 없는 2위를 했다. 그는 "학교 선생님인 엄마가 함께 가줄 수 없는 것을 이해했다"고 웃으며 기억한다.

　음악은 다부진데, 인생은 여유롭다. 원주여중을 졸업하고 바로 한국예술종합학교에 입학했고, 그해에 이탈리아 비오티 국제콩쿠르에서 최연소 1위를 하며 '순수 국내파'의 역사를 쓰기 시작했다. 이후 수많은 콩쿠르에 출전하고 입상했지만 결과에 초연한 편이다. 중앙SUNDAY에 2014년 기고한 글에서 '고백하자면 나는 부럽다는 감정을 잘 몰랐다'고 썼다. 목숨을 걸고 음악에 매달리는 대신 자신을 돌보며 성장해 온 손열음의 성격이 잘 보이는 글을 여기에 인용한다.

"고백하자면 나는 부럽다는 감정을 잘 몰랐다. 혹시 부러울 게 없어서 그런 것 아니냐고 한다면 물론 절대로 아니다. 그저 지극히 무경쟁적인 천성을 타고났을 뿐. 유치원 간식 시간에 모든 아이들이 자기 것을 먼저 해치우고 친구들의 것으로 눈을 돌리는 것이 대체 어떤 심리냐는 질문을 던져 선생님을 당황하게 했고, 초등학교 시험 때 '이것만 맞았으면 네가 1등인데 아쉽지도 않니?' 하는 엄마에게 '(1등 한) 그 아이는 원래 공부 무지 잘하는 애야~ 나랑은 달라!'라며 도리어 엄마에게 무안을 주었으며, 콩쿠르에서 나보다 총점이 1점 낮게 발표된 친구와 공동 1등이 되었는데도 친한 친구와 상을 나누었다며 오히려 좋아서 주변 사람들을 김빠지게 만들었던 나였다."

조성진
"우승!" 이때 표정이 그의 음악이다

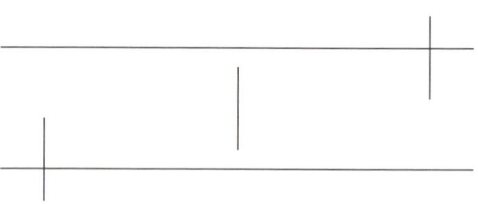

©이은비

음악부터 들어보겠습니다. 같은 음악에 대한 다음 두 연주가 서로 어떻게 다른가요? 작곡가, 작곡 배경, 뭐 이런 것들 말고 바로 느껴지는 자신의 감정을 들여다보면 좋습니다.

(21분 43초부터)
리스트, 피아노 소나타 B단조
피아노: 스비아토슬라브 리흐테르

(처음부터)
리스트, 피아노 소나타 B단조
피아노: 조성진

조성진은 어떤 피아니스트일까요. 쇼팽 콩쿠르 최초의 한국인 우승자, 베를린 필과 카네기 홀이 사랑하는 피아니스트 같은 '계급장'을 떼고 말입니다. 위의 두 연주를 듣고 바로 떠오른 단어는 각각 무엇이었나요?

청중은 가끔 스스로를 의심합니다. 이런 생각을 하게 되죠. '조성진의 연주는 참 우아한 것 같아. 그런데 이건 혹시 인상 비평이 아닐까? 사람 자체의 우아한 인상이 음악에 대한 생각에도 침범한 건 아닐까?' 아닙니다, 맞게 들으셨습니다. 조성진의 음악은 기품 있고, 귀족적입니다. 음악 그 자체가 그렇습니다. 그렇다면 위의 두 연주에서 차이가 뭔지 감이 오죠. 왜 그런지 설명해 드리 겠습니다.

마음에 불덩이를 품고 밀어붙인 리히터와 달리 조성진은 선을 넘지 않은 채 할 말을 합니다. 끝까지 가보기보다는, 손가락에 효율 적으로 힘을 분배해서 정확히 큰소리를 내죠. 해외 언론에서 조성 진에 대해 '쿵쾅거리지 않는다'고 했는데, 동의할 만한 표현입니다. 조성진 자신도 인터뷰에서 "고급스럽고 세련된 음악을 추구한다"고 말한 적이 있죠.

그럼 한 번 더 확인해 보겠습니다. 한 곡이 화려하게 끝나는 다 음 부분에서 '고급스러움'이 어느 연주에 맞는지 바로 알게 되실 겁 니다. 특별히 감정 고조에 특기가 있는 피아니스트 랑랑과 극단적 비교를 해봤습니다. 슈베르트의 '방랑자' 환상곡입니다.

(3분 7초부터)
슈베르트, 환상곡 '방랑자'
피아노: 조성진

3분 5초부터

슈베르트, 환상곡 '방랑자'
피아노: 랑랑

조성진표 클라이맥스

그런데 조성진은 참 분석적인 연주자거든요. 한 예능 프로그램에서 이렇게 말했죠. "음 하나하나보다는 좀 더 큰 그림을 보려고 해요. 클라이맥스가 어디인지, 큰 그림이 보이게 하려고 해요." 음악이 시작하면서 어디를 향해 있는지 살펴보고, 거기에 맞춰 서사의 틀을 짜는 거죠. 그래서 조성진의 연주를 듣고 나면 '말이 된다' '앞뒤가 맞는다'는 개운함이 남습니다.

문제는 그 클라이맥스입니다. 연주자를 비롯해 많은 청중에게 음악의 클라이맥스는 어디인가요. 가장 큰소리, 빠른 음표들, 맥박이 최고조에 오르는 흥분의 순간 아닐까요. 조성진에게는 아닌 듯 합니다. 감정이 깊게 드러나는 부분, 음악적으로 가장 고귀한 부분이 그에게는 가장 중요한 부분입니다. 조성진이 직접 설명하는 영상을 보시죠. 쇼팽 발라드 3번입니다.

3분 26초부터

쇼팽, 발라드 3번
피아노: 조성진

이 곡에서 보통 가장 중요하게, 혼신의 힘을 다해 연주되는 부분은 아래와 같습니다. 그야말로 쿵쾅거리는 부분이죠.

5분 54초부터

쇼팽, 발라드 3번
피아노: 조성진

조성진은 쇼팽의 협주곡 1번 중에서도 1악장의 두 번째 주제, 발라드 4번 중에서는 코다(피날레) 직전을 그 작품의 핵심이라고 말합니다. 화려하기보다는 소박하고, 낭만적이면서 순수한 부분들입니다.

그의 음악적 가치관을 알 수 있습니다. 조성진의 음악이 덜 극단적이고, 과시적이지 않은 이유도 함께 알 수 있죠. 베를린 필하모닉의 지휘자였던 사이먼 래틀이 2017년 조성진과 함께 내한했을 때 '조성진은 어떤 피아니스트인가'라는 질문을 받았습니다. 래틀은 한참 생각한 끝에 "피아노의 시인"이라고 답했죠. 확실히 거침없는 전사(戰士)보다는 시인에 가까운 피아니스트가 바로 조성진입니다.

이런 스타일 때문에 가끔은 '소극적'이라는 평가가 나오기도 합니다. 영국의 음반 전문지 그라모폰은 2020년 조성진 음반 리뷰에서 '전반적으로 매우 훌륭하다'라고 소개하면서도 '가장 극적인 요소들이 다소 소극적으로 표현됐다'며 리스트 소나타의 몇 군데를 지적했습니다. 우아한 것과 소극적인 것은 경계가 모호할 수 있죠. '노골적인 위기감이 부족하다'라는 평가에 여러분은 동의하시나요? 리스트의 B단조 소나타 중 한 부분입니다.

(1분 27초부터)

리스트, 피아노 소나타 B단조
피아노: 조성진

기술 점수 만점

테크닉 이야기를 할 수밖에 없습니다. 조성진에 대한 중앙일보의 첫 기사는 2008년. 당시 14세였던 그에 대한 첫 인상은 무엇보다 기술적인 완벽함이었습니다. 또 어렵고 복잡한 대곡을 빨리 익혀서 무대에 올리는 재능이었죠. 그 후에는 쇼팽의 '영웅' 폴로네이즈를 서울에서 연주했는데 온라인 중계됐던 콩쿠르 무대와는 완전히 다르게 피아노를 치는 모습을 발견할 수 있었습니다. 원하는 음악이 무엇이든 구현할 수 있는 신체적 기술이 모두 갖춰진 10대 피아니스트였습니다.

그의 테크닉은 어린 시절부터 여러 차례 검증받았습니다. 2021년 무대에서 초고난도 작품인 라벨의 '스카르보'를 어린아이가 소나티네 치듯이 해치워버리는 모습은 충격적이었죠.

'기술 점수' 만점의 연주는 아래와 같은 부분에서 나타납니다. 손가락을 쫙 펼쳐 연속적으로 건반을 두드려야 하는 다음 음악을 들어보세요. 어깨에는 힘이 있어야 하고, 팔은 이완하되, 손끝은 또 단단해야 합니다. 이 어려운 부분에서 조성진은 하나도 어렵지 않다는 듯 침착하게 연주합니다. 끝까지 평정심을 잃지 않습니다. 감정 절제와 완벽한 기술이 이런 연주를 가능하게 한다는 생각이 듭니다. 슈베르트 '방랑자' 환상곡 중 1악장의 어려운 옥타브 부분입니다.

(5분부터)
슈베르트, 환상곡 '방랑자'
피아노: 조성진

가볍게 힘 빼고 넘어버리는 조성진 특유의 테크닉입니다. 같은 부분을 피아니스트 폴 루이스가 연주한 버전으로 들어보시죠.

(4분 48초부터)
슈베르트, 환상곡 '방랑자'
피아노: 폴 루이스

해외의 비평에서 조성진의 기술에만 초점을 맞추는 경우가 간혹 있습니다. '테크닉은 의심의 여지가 없지만 음악은 과연?'이라는 식입니다. 여기에는 동양의 젊은 연주자에 대한 편견이 어쩔 수 없이 묻어있습니다. 하지만 거꾸로, 조성진의 테크닉이 어쩌면 '기술만 좋다는 오해를 받을 정도로' 빈틈없다는 뜻은 아닐까요.

우아함의 표준인 음색

글로 읽기보다는 귀로 들어야만 이해할 수 있는 조성진의 '시그니처'가 있습니다. 그건 바로 음색입니다. 조성진은 고귀한 소리를 찾아서 냅니다. 특히 드뷔시의 음악 같은 독특하고도 어딘가 모호한 소리를 기가 막히게 표현합니다. 조성진을 잘 아는 한 피아니스트는 "그는 타고난 감각의 소유자"라며 "청각뿐만 아니라 미각, 시각 모두 아주 잘 발달해 있다"고 했습니다. 모든 분야에서 예민하게 가장 좋은 것을 골라내는, 천생 예술가라는 뜻입니다. 소리도 그렇게 골라내는 거겠죠.

조성진이 몇 년 전부터 앙코르로 고즈넉하게 연주했던 드뷔시 '달빛'에 흠뻑 반한 분이 많았죠. 거칠게 주장하는 바 없이 투명한 음색이 이 연주의 특징입니다. 그런데 최근에는 다음 곡이 '달빛'만큼 인기입니다. 헨델의 미뉴에트를 연주하는 조성진의 음색이 음악의 우아함을 새로 정의합니다.

(처음부터)
헨델, 미뉴에트 G단조
피아노: 조성진

사실 음악은 음악가 자신의 바탕에서 크게 벗어나지 않습니다. 피아니스트의 재능을 가장 잘 알아보는 김대진 한국예술종합학교 총장의 말을 참고할 만합니다. 수많은 제자를 길러본 후 그가 하는 말, "생긴 대로 친다"는 명언입니다. 음악가가 가진 성격, 사고 방식, 말투가 음악에 어떻게든 묻어나옵니다.

조성진을 어린 시절부터 잘 알았던 한 인사는 "쇼팽 콩쿠르에서 우승했을 때의 표정이 사실은 조성진의 모든 것을 말해준다"고 했습니다. 2015년 당시 우승자가 발표됐을 때 그는 숙이고 있던 고

개를 살짝 들고 아주 조금만 눈을 동그랗게 뜬 채 약간 놀란 미소를
지을 뿐입니다. 인생에서 가장 기쁜 소식을 접한 조성진 식의 기품
있고 부드러운 반응이었습니다.

꼭 그의 음악 같죠?

2015년 쇼팽 국제 콩쿠르
우승자 발표 순간

첫 국제 대회 우승한 '분더킨트'

1994년	출생(서울)
2008년	모스크바 국제 청소년 쇼팽 콩쿠르 1위 (협연상, 심사위원상, 폴로네이즈상)
2009년	하마마츠 국제 콩쿠르 우승
2011년	차이콥스키 국제 콩쿠르 3위
2015년	쇼팽 국제 콩쿠르 우승
2016년	첫 스튜디오 녹음 음반 발매 / 베를린 필 협연 데뷔
2019년	대원음악상 대상
2022년	빈 필 협연 데뷔
2023년	호암상 예술상
2024~2025년	베를린 필 상주음악가

모두의 영향을 받은
피아니스트

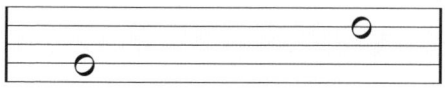

　조성진에게는 절대적인 구루(영적인 스승)가 없다. 물론 깊은 영향을 끼친 스승들은 있다. 열 살 때부터 배운 박숙련에서 시작해 비약적으로 기량이 발전한 10대 시절의 스승 신수정, 파리 고등음악원 시절의 미셸 베로프까지. 조성진은 어느 한쪽에 치우치지 않고 골고루 흡수하면서 자신 만의 독립적인 세계를 만들었다.

　독특한 점은 말 그대로 세계적 거장들이 일부러 나서서 조성진과의 교류를 자청했다는 것이다. 우선 2015년 쇼팽 국제 콩쿠르의 연주 영상을 보고 먼저 연락한 크리스티안 지메르만이 있다. 조성진은 음악적 조언뿐만 아니라 연주자로서 경력의 문제까지 지메르만과 논의한다고 한다. 전설적 피아니스트 고(故) 라두 루푸, 알프레드 브렌델, 피아노와 지휘를 병행하는 미하일 플레트네프가 조성진의 또 다른 멘토를 자처했다.

그의 음악적 행보는 여러 가능성에 열려 있다. 처음에는 러시아로 유학을 갈 생각이었다. 하지만 스승으로 모시려 했던 니콜라이 페트로프가 세상을 떠나면서 행선지를 바꿔 파리로 향했다. 지금은 독일 베를린에 머물고 있다. 어린 시절 일본에서 열린 콩쿠르에서 우승하면서 주목을 받았기 때문에 일본의 공연 시장에도 익숙하다.

파리로 떠나기 전엔 한국을 찾은 많은 음악가에게 자신의 음악을 선보일 기회가 있었다. 그는 한 인터뷰에서 "30명 정도의 음악가들을 만나서 배웠다"고 했다. 일본의 고(故) 나카무라 히로코도 그렇게 조성진을 만난 뒤 그를 아꼈던 피아니스트 중 한 명이었다. 조성진은 이처럼 어느 계보나 학파에 속하기보다는 다양한 음악인을 만나면서 그들의 특성을 흡수하며 성장한 피아니스트다.

임윤찬 1
건반 위의 피카소, 멜로디보다 화음

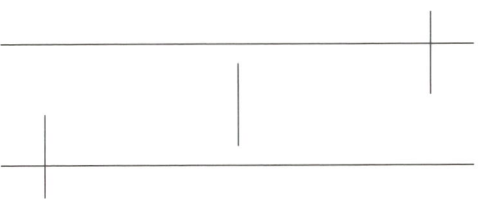

©중앙포토

"이 곡이 이렇게 재밌었나."

피아니스트 임윤찬의 연주에 대한 반응입니다. 2023년 5월 뉴욕타임스의 리뷰를 볼까요. 뉴욕타임스는 '꿈 같은 연주였다'는 말로 임윤찬의 기량을 극찬했습니다. 하지만 이 리뷰에서 특히 눈에 띄는 문구가 있습니다. '이 곡이 이렇게 재미있을 줄 누가 알았나?(Who knew this piece was so funny?)'

네, 그렇습니다. 중요한 점은 재미입니다. 낯선 곡인데도 전혀 지루하지 않습니다. 임윤찬 돌풍의 진원지는 바로 이것인지도 모르겠습니다. 듣는 아름다움, 감상하는 기쁨을 넘어서 특별한 재미가 있다는 것 말입니다. 경기도 시흥에서 자라며 '친구들 다 태권도 학원에 다니는데 아무것도 안 하기가 좀 그래서' 피아노를 시작한 그가 세계에서 주목받는 피아니스트가 된 비결 중 하나가 바로 '듣는 재미'입니다.

그런데 왜 재미있을까요? 무엇이 다르기 때문일까요? 지금부터 그 이유를 분석해 보겠습니다. 도대체 임윤찬의 스타일은 무엇인가. 무엇 때문에 재미있게 들리는 걸까요.

소리의 타이밍을 조절한다

우리는 우선 모차르트를 들어봐야 합니다. 2022년 반 클라이번 콩쿠르의 결선에서 연주한 라흐마니노프 영상이 유튜브 조회수 1300만을 넘어섰지만 말입니다. 사실 임윤찬의 첫 충격은 그 이전에 연주했던 모차르트였거든요.

라흐마니노프 협주곡 3번은 음표들의 빼곡한 더미이고, 너무 어려워서 '피아니스트의 무덤'입니다. 그 음표들을 다 쳐내는 것만으로도 대단한 피아니스트죠. 하지만 모차르트는 그렇지 않습니다. 여기에는 음악의 뼈대만 있고, 거의 누구나 연주할 수 있습니다. 바로 그렇기 때문에 모차르트에서 그 연주자가 더 보입니다.

이제 임윤찬의 모차르트 중에서 뭘 들을까요? 임윤찬은 2019년 통영, 2022년 텍사스 포트워스에서 모차르트의 소나타 9번을 연주했습니다. 그중에서 느린 2악장을 들어보겠습니다. 먼저 통영입니다.

(3분 45초부터)
모차르트, 피아노 소나타 9번
피아노: 임윤찬

뭐가 다른 걸까. 반 클라이번 콩쿠르를 생중계하던 이는 임윤찬의 모차르트를 "세련됐다"고 평가했습니다. 왜 세련되게 들리는 걸까요?

음의 타이밍 때문입니다. 임윤찬은 제 박자에 오는 음들을 아주 미세하게 뒤로 미뤄 연주하고 있습니다. '틀리다'고 말할 수는 없지만 분명히 다른 해석입니다. 만일 누군가 박자를 세고 있다면 그

박자보다 몇백분의 일 초 정도 느리게 음이 나온다는 뜻입니다. 그럼 다시 한번 들어보겠습니다. 2022년 연주한 2악장입니다. 이번에는 박자를 세면서 들어보세요. 미세하게 뒤에 나오는 음들을 알아차릴 수 있습니다.

(14분 34초부터)
모차르트, 피아노 소나타 9번
피아노: 임윤찬

이번에는 비교해서 들어볼까요. 모차르트 해석의 우아함으로 칭송받는 피아니스트 우치다 미츠코의 연주입니다.

(처음부터)
모차르트, 피아노 소나타 9번
피아노: 우치다 마츠코

우치다의 연주에서는 박자를 세기가 훨씬 수월하죠? 제 박에 맞춰서, 혹은 오히려 약간씩 앞서가면서 음이 들립니다. 임윤찬 연주의 시그니처는 이처럼 음악의 순간들을 조정한다는 겁니다.

그런가 하면 모차르트의 맨 마지막 부분에서는 속도를 확 끌어당깁니다. 소리의 타이밍을 조절한다는 것이 어떤 뜻인지 알게 됩니다. 연속으로 9개 나오는 8분음표를 빠르게 몰아붙이고, 또 가장 마지막에 나오는 음은 반대로 몇백분의 일 초 정도 느리게 나오는 부분을 들어보세요. 두 연주자의 같은 부분을 연이어 들어보겠습니다.

(25분 13초부터)
모차르트, 피아노 소나타 9번
피아노: 임윤찬

(5분 33초부터)
모차르트, 피아노 소나타 9번
피아노: 우치다 마츠코

그런데 아마 직접 물어보면 이 사실을 잘 모르고 있을 가능성이 큽니다. 본능적으로 그렇게 하는 거니까요. 2023년 나온 다큐멘터리 〈크레센도〉의 인터뷰를 보면 이 모차르트 연주 후 "어떤 생각을 했느냐"는 질문에 이렇게 답하죠. "아무 생각도요.(Nothing.)"

사실 이런 타이밍 조절은 피아니스트들이 종종 쓰지만 위험한 방법이기도 합니다. 너무 감정적이어서 촌스럽게 들리거나, 혹은 악보의 명확한 위배가 될 수 있으니까요. 그 순간을 얼마나 짧게 혹은 길게 조절하느냐는 타고난 본능으로 될 수밖에 없습니다. 사람을 끌어들이는 음악가의 재능 중 가장 위의 것은 시간을 조절하는 재능일 것입니다.

최근에도 '임윤찬 타이밍'의 예가 있었는데요. 2023년 11~12월 한국에서 5차례 연주한 베토벤 협주곡 4번에서였습니다. 그중 두 번의 실연을 들었는데요, 두 번 모두 임윤찬은 시작 부분의 가장 높은 음을 특이할 정도로 길게 연주했습니다.

임윤찬은 빨간 원 안의 음을 아주 길게 연주했다.

베토벤은 자주 그랬듯이 특이한 리듬 모티브에서 시작해 이 곡을 썼는데요. 짧은 음 세 개와 이어지는 음 한 개의 조합입니다. 이 리듬이 끝까지 지속해서 등장하는데요,

임윤찬은 긴 음표를 강조하면서 베토벤의 '리듬 홀릭'을 드러

내고 싶었던 것 같습니다.

안 들리던 음들이 튀어나온다

많은 리뷰가 임윤찬의 연주에 대해 '기술적으로 완벽하다'고 이야기합니다. 하지만 재미있게 들리는 이유의 전부는 아닙니다. 임윤찬은 음악의 새로운 지점을 강조하고 있거든요. 그렇기 때문에 모르는 음악도 신선하게 들리게 됩니다.

예를 들어 잘 알려진 쇼팽의 연습곡 '혁명'을 들어보면 긴 음표 뒤에 짧은 음표가 나오는 리듬인데요. 임윤찬은 앞의 음은 더 길게, 뒤의 음은 더 짧게 연주합니다.

(처음부터)
쇼팽, 연습곡 10의 12번 '혁명'
피아노: 임윤찬

다음 곡을 들어볼까요. 쇼팽 연습곡의 교과서로 불렸던 젊은 시절의 마우리치오 폴리니의 연주입니다. 같은 리듬인데도 확연한 차이를 느낄 수 있습니다.

임윤찬이 쇼팽의 '혁명'을 꼭 이렇게 쳐야겠다가 생각하고 연주했을 가능성은 지극히 작습니다. 다만 본인이 생각하는 작품의 감정 폭에 이렇게 극대화된 리듬이 맞았기 때문이었을 겁니다. 임윤찬은 지독한 연습 벌레로 유명하지만, 동시에 무대에서는 극도로 본능적입니다.

임윤찬 연주의 또 다른 특징은 좀처럼 들리지 않던 음들이 잘 들린다는 것입니다. 피아니스트는 흔히 여러 개의 음을 한꺼번에 치는데요, 그중에 더 강조하고 싶은 음이 있기 마련이죠. 대부분은 멜로디에 힘을 줍니다. 노래하는 선율이죠. 나머지는 반주로 취급합니다.

하지만 임윤찬의 화음은 균형이 다릅니다. 한 음만 깨끗하게 들리는 것이 아니라 다른 음도 목소리를 냅니다. 그러다가 '내성(內聲)'이라고 부르는, 화음 안쪽의 음표들이 툭툭 튀어나오기도 합니다. 보통은 잘 들리지 않던 것들입니다.

유튜브에 있는 임윤찬의 쇼팽 연습곡 '흑건'을 들어보면 아래 악보의 이 부분을 다른 피아니스트보다 더 거칠게 강조합니다. 붉은 선으로 표시된 대로 안쪽의 목소리죠.

'흑건' 연습곡에서 임윤찬이 강조한 음들. 중간 영역의
음들이다.

반 클라이번 콩쿠르에서도 보통 들리지 않았던 음들을 강조한 연
주가 특징적이었죠. 라흐마니노프 협주곡 3번 2악장의 앞부분입니다.

(21분 47초부터)

라흐마니노프, 피아노 협주곡 3번
피아노: 임윤찬

임윤찬의 연주에서 들리는 음들. 바깥쪽이 아니라
안쪽의 음들이 튀어나온다.

역시 원래는 잘 들리지 않는 부분입니다. 많은 피아니스트가 오른쪽 새끼손가락으로 치는 가장 높은 음만 멜로디로 강조해 연주하거든요. 주인공인 멜로디가 돋보이는 거죠. 그런데 임윤찬은 조연이라 할 수 있는 왼손의 엄지손가락 음표가 더 먼저, 더 크게 들리게 연주합니다. 20세기의 유명한 음반이죠, 블라디미르 아쉬케나지의 연주로 같은 부분을 들어보겠습니다.

(4분 9초부터)

라흐마니노프, 피아노 협주곡 3번
피아노: 블라디미르 아쉬케나지

위의 멜로디가 확실하게 들리죠. 임윤찬의 소리들이 중간 부분에서 툭툭 튀어나오면서 혼란스럽게 들리는 데 비해 아쉬케나지의 연주는 잘 정돈된 흐름으로 들립니다. 정석이죠. 그런데 어떤 연주가 더 재미있나요?

같은 악보. 아쉬케나지의 연주에서 들리는 음들.
바깥쪽의 음들이다.

또 베토벤 '황제' 협주곡 3악장에서는 아예 악보에 없는 음을 넣어가면서 새로운 소리를 만듭니다. 왼손을 잘 보세요.

4분 59초부터

베토벤, 피아노 협주곡 5번 '황제'
피아노: 임윤찬

'황제' 3악장의 왼손. 모두 같은 음이지만 임윤찬은
빨간 원 부분에 낮은 소리를 추가해 연주한다.

이번에는 베토벤 해석의 권위자인 루돌프 부흐빈더의 3악장, 같은 부분입니다. 왼손의 음이 거의 들리지도 않습니다.

5분 2초부터

베토벤, 피아노 협주곡 5번 '황제'
피아노: 루돌프 부흐빈더

임윤찬의 실연에서는 이처럼 '새로운 지위를 얻게 된' 소리들이 더 확실하게 들립니다. 신기하고 재미있습니다.

선율 아닌 화음의 피아니스트

손이 좋은 피아니스트여서 그런 걸까요? 물론 손가락 훈련이 고루 잘돼야 이렇게 연주할 수 있습니다. 하지만 더 큰 이유는 귀에 있습니다. 임윤찬의 귀는 음악을 '노래하는 멜로디+그걸 받쳐주는 반주'로 나눠서 들으려 하지 않습니다. 그보다는 그 음들이 한꺼번에 굴러가면서 생기는 거대한 화음의 색채를 듣고 싶어 하는 거죠. 그래서 반주에 불과하던 왼손, 거의 들리지 않고 묻혀 있던 음들에 힘을 실어주면서 전체 음악을 '음 덩어리'의 진행으로 파악하는 겁니다. 네, 그는 멜로디가 아닌 화음의 피아니스트입니다.

이렇게 음표에서 주연, 조연이 따로 없다 보니 어떤 곡은 임윤찬이 직접 작곡한 것처럼 들리기도 합니다. 2023년 7월 한국에서 모차르트 협주곡 20번의 카덴차(피아니스트 혼자 기량을 보여주며 연주하는 부분)를 연주했을 때도 '임윤찬의 작곡 아닌가' 하는 의심의 댓글이 온라인에 올라오곤 했습니다. 베토벤이 이 곡에서 연주하도록 써놓은 카덴차가 있는데 임윤찬은 다른 곡을 친 게 아니냐는 거였죠. 혹은 그 카덴차에서 영감을 얻은 새로운 창작이라고요. 하지만 임윤찬의 연주는 베토벤의 작곡 그대로였습니다. 같은 곡인데도 새롭게 들렸던 거죠. 아름다운 그림들이 쏟아지던 음악계에, 음악을 해체해 강렬히 조합한 피카소가 등장했습니다. 서로 멀리 떨어져 있던 요소들을 붙여 놓거나, 보이지 않던 면을 끌어다 놓습니다. 그림의 대상은 같은데, 보고 나면 허를 찔린 듯한 느낌이 들죠.

임윤찬의 연주가 지루하지 않은 건 바로 이런 이유에서입니다. 안 들리던 음들, 주인공을 도와주기만 하던 조연의 음표들에 새로운 의미를 부여하는 것!

이어서 임윤찬의 저돌성에 대해 분석해 보겠습니다. 임윤찬은 컴퓨터처럼 완벽하고 빠르게 연주하는 피아니스트가 아닙니다. 그는 가끔 실수하지만 신경 쓰지 않고 제 갈 길을 갑니다. 그래서 옛날 스타일의 피아니스트들을 떠올리게 되죠. 그 이야기를 해보겠습니다.

임윤찬의 기록

7세	피아노 시작
11세	금호문화재단 영재 선발
14세	클리블랜드 국제 청소년 콩쿠르 2위
15세	윤이상 국제 콩쿠르 우승
18세	반 클라이번 국제 콩쿠르 우승
19세	영국 위그모어 홀 데뷔
	뉴욕 필 협연 데뷔
20세	카네기 홀 데뷔
	파리 오케스트라 북미 투어
	그라모폰 어워즈 2관왕(피아노 부문, 젊은 예술가상)

말할 에너지도 아껴
피아노만 치는 사람

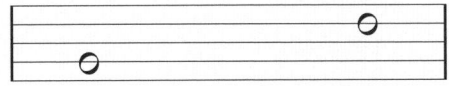

무대 위에서만 날쌘돌이다. 입을 열면 피아노 정도의 음량에, 아다지오(느리게)쯤의 속도다. 2020년 임윤찬과 전화 인터뷰 기사의 첫 문장을 그 말투의 인용으로 시작했다. "아… 저는… 연주는 제 성격하고 달라야 한다고 생각해요. 제 성격 그대로 피아노를 치면 어휴…." 문장이 이어지겠구나 싶을 때 말은 끝났다. 혹시 전화가 끊어졌는지 확인도 했다. 인터뷰를 즐기지 않는 수준을 넘어 대화를 힘들어한다. 질문이 곧 괴롭힘은 아닌가 하는 걱정이 들었다.

이듬해에는 한국예술종합학교 레슨실로 찾아가 만났다. 무엇을 어떻게 배우는지 궁금했기 때문이다. 임윤찬을 13세부터 가르쳤던 손민수 교수는 제자의 재주가 음악이 되도록 이끌었다. 실험적인 시도에서 균형을 잡는 일, 갑작스러운 표현에 한계를 설정하는 것, 인생의 감정을 떠올려보는 방법에 대한 이야기가 들리는 레슨 실이었다. 레슨 내내 거의 말이 없었던 임윤찬은 이런 한마디를 꺼냈다. "저는 무대보다 연습실이 더 좋아요. 녹음만 하는 피아니스트가 되고 싶기도 해요." 느릿한 꿈속의 말처럼 들렸다.

무대 위의 뜨거움 또한 같은 결에서 그다. 삶의 거의 모든 에너지가 한쪽으로 쏠려있다는 점에서. 전화 인터뷰 당시 곁에 있던 그의 어머니는 당시 14세의 아들에 대해 "그저 하는 거라고는 피아노 연습과 음악 듣는 일뿐. 음악과 관련 없었던 우리 집에 뜻밖의 아이다"라 했다. 주위에서 체력을 아끼라며 말릴 때까지, 일상이 침범받을 때까지, 머리를 단정히 자를 시간이 없을 때까지 연습한다. 그러다 무대 위에서는 시간을 잊는다. "연주할 때는 다 잊고 자유로워지려 해요. 저도 청중도 없고 음악만 남고, 결국 아무것도 없어지는 것같은 기분이 들도록요."

2022년 반 클라이번 콩쿠르가 전 세계로 온라인 생중계된 이후 임윤찬은 뜨거운 주목을 받고 있다. 세계 정상의 오케스트라, 음악 축제, 공연장에서 초청받았다. 한 번 함께 연주한 곳들은 반드시 그를 다시 초청했다. 이 재초청이 연주자 경력의 핵심이다. 따라서 그의 길은 앞으로 더욱 놀라울 것이다. 서구의 언론들은 개성적인 리뷰를 내놓으면서 독특한 연주자를 환영했다. "진짜배기(the real deal)"(더 타임스), "가감 없는 명료함과 명쾌함"(가디언), "눈부시고 독특한 활력"(런던 이브닝 스탠더드). 지휘자 마린 알솝은 "믿을 수 없을 만큼 음악적이며 아주 오래된 영혼과도 같다"고 했다. 어쩌면 가장 알맞은 평은 스승인 손민수의 것이다. "피아노를 치려고 태어난 사람"이라는. 또 "음악 안에서 자유로워진다는 게 어떤 건지 가르칠 필요가 없더라"는.

임윤찬 2
음표가 다를 때도 음악은 맞다

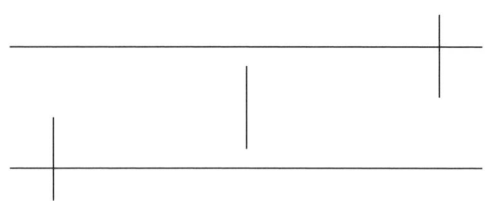

이번에는 피아니스트 임윤찬이 '앞뒤 재지 않고' 나아가는 순간을 포착합니다. 아찔하게 가속하며 겁내지 않고, 실수를 두려워하려나 신경 쓰지 않습니다. 거기에서 루트비히 판 베토벤이 떠오릅니다. '피아노 의자 밑에 폭탄을 설치해 뒀다'는 평을 들었던 18세기 피아니스트 베토벤과, 현재 임윤찬의 공통점은 무엇일까요?

베토벤이 어떤 피아니스트였는지부터 보겠습니다. 우리가 잘 아는 작곡가 말고요, 피아노 연주자로서의 베토벤 말입니다. 전설적 음악 평론가였던 해럴드 C 숀버그의 서술을 빌려봅니다. "베토벤의 연주가 압도적이었던 이유는 그의 연주가 바다와 같은 파동과 깊이를 표현했던 반면, 다른 음악가의 연주는 시냇물이 흐르는 것처럼 들려서였다."

임윤찬의 연주에서 피아니스트 베토벤이 떠오릅니다. 임윤찬은 음악으로 하고 싶은 말이 있을 때 과감해지기 때문입니다. 실제로 그의 연주를 들으면 보통 시냇물이었던 부분이 바다가 되는 경험을 종종 합니다. 굽이치는 정도가 다르죠. 이번에는 임윤찬의 '저돌성'을 베토벤의 작품을 중심으로 설명해 드리겠습니다.

사자보다 표범에 가깝다

2019년 통영에서 연주한 베토벤 협주곡 3번의 마지막 악장, 그중에서도 맨 끝부분입니다. 처음 이 연주를 접했을 때의 충격을 잊지 못합니다. 일단 너무 빨랐거든요. 네, 물론 어느 피아니스트나 이 부분을 빠르게 칩니다. 악보를 볼까요. 여기에도 '빠르게 하라(Presto)'는 지시어가 쓰여 있죠. 속도 표시가 보입니다. 점사분음표 하나에 108이라고 적혀 있습니다. 1분에 108번이니까 1초(60번)보다 1.8배 빠른 정도입니다. 베토벤의 제자였던 체르니는 '112'로 약간 더 빠른 속도를 권장해 놨네요.

베토벤 협주곡 3번 코다의 속도 표시.

이 지시에 가장 근접한 알프레드 브렌델의 연주를 먼저 들어보겠습니다. 박자기를 틀어 놓고 세어 보면 악보에 적힌 대로 108~112 정도입니다.

（7분 56초부터）
베토벤, 피아노 협주곡 3번
피아노: 알프레드 브렌델

이번에는 임윤찬입니다. 15세의 임윤찬이 이 부분을 어떻게 표현했는지 보겠습니다.

（33분 27초부터）
베토벤, 피아노 협주곡 3번
피아노: 임윤찬

시작 속도부터 빠르죠. 하지만 더 중요한 것은 가속입니다. 빠르게 치는 것이 기량이라면, 가속은 스타일입니다. 임윤찬의 스타일은 틀을 벗어나는 데에 아무런 두려움이 없다는 것입니다.

그는 음악을 휘몰아 가면서 거의 모든 마디마다 더 빨라집니다. 보통 피아니스트는 이 부분에서 하나의 패시지가 다른 패시지로 바뀔 때 (보통 두 마디나 네 마디 단위로) 속도를 당겨 잡거든요. 이야기마다 속도를 다르게 하는 건데요, 임윤찬은 같은 이야기 안에서도 한 어절마다 빨라지는 셈이죠.

한 패시지마다 빨라지는 경우. 1보다 2가 빠르다.

임윤찬이 속도를 올리는 방식.

임윤찬의 속도는 결국 140 정도까지 올라갑니다. 맨 마지막 멜로디는 피아노 다음에 오케스트라가 똑같이 따라 하는데, 어려워하는 모습을 느낄 수 있으시죠? 이렇게 물러서지 않고 앞으로 치고 나가는 바람에 오케스트라와 약간 어긋나기도 합니다. 다음 영상을

한번 보세요.

(29분 35초부터)
라흐마니노프, 피아노 협주곡 3번
피아노: 임윤찬

29분 40~43초에 목관악기와 조금씩 틀어지는 부분이 보이시나요? 딱딱 맞추려고 했다면 당연히 그렇게 할 수 있는 피아니스트입니다. 기술적으로 충분하니까요. 하지만 더 중요한 게 있었던 거죠. 힘찬 엔진처럼 앞으로 나아가는 음악요!

빠를수록 좋다는 이야기가 아닙니다. 속도가 무엇을 전달하느냐의 문제겠죠. 예를 들어 베토벤 협주곡 3번의 마지막 부분은 가장 베토벤다운 부분입니다. 단조(短調)로 시작했던 음악에서 검은 건반들이 확 걷어지면서, 밝은 승리로 나아가는 C장조(長調)로 바뀌기 때문입니다. 임윤찬의 앞뒤 재지 않는 '가속'은 승전보가 도착하는 베토벤 특유의 순간을 시원하게 앞당깁니다.

임윤찬의 불같은 베토벤 해석은 옛 피아니스트들을 떠올리게 합니다. 매끄러움보다는 불안한 에너지가 느껴지지만, 개의치 않고 앞으로 전진해 나아갔던 피아니스트들 말입니다. 베토벤 협주곡에서는 1960년대의 레온 플라이셔가 그랬지요. 지휘자 조지 셀, 클리블랜드 오케스트라와 함께 녹음한 협주곡 3번의 맨 마지막 부분입니다. 임윤찬의 동영상과 같은 부분이니 비교해 보시길 바랍니다.

(7분 32초부터)
베토벤, 피아노 협주곡 3번
피아노: 레온 플라이셔

플라이셔 역시 악보에 적힌 108 대신에 116 정도로 빠르게 시작해 결국 138~140 정도까지 올라갑니다. 음악 평론가 테드 리비는 이 연주에 대해 "오케스트라를 사자처럼 휘어감고 있다"고 평했습니다. 그렇다면 임윤찬의 베토벤은 사자보다 더 빠르고 과감한 표범에 가깝지 않나요?

오류에 두려움이 없다

인터뷰해 보면 임윤찬은 표범보다 고양이에 가깝습니다. 적당한 단어를 고르느라 오래 생각하고, 그마저 빨리 내놓지 않죠. 그런데 피아노 앞에서는 정반대입니다. 음 사이의 간격을 야생적 감각으로 조절하는 피아니스트가 바로 임윤찬입니다. 그리고 그 답이 틀릴까 걱정하지 않습니다. 예를 들면 이런 부분입니다.

베토벤 '영웅' 변주곡의 13번째 변주인데 왼손은 왼쪽으로, 오른손은 오른쪽으로 아주 멀리 여러 번 오가야 하는 부분입니다. 2021년 임윤찬이 서울에서 독주회를 했는데 이 13번 변주에서 틀린 음을 꽤 자주 짚었습니다. 오른쪽과 왼쪽의 각 새끼손가락이 치는 음들이죠. 베토벤의 '영웅' 주제를 담고 있는 꽤 중요한 음들을 포함해서 말입니다. 그런데도 그는 개의치 않습니다. 어느 정도냐 하면 음이 지저분하게 섞일 수도 있는 페달을 꾹 누른 채 별로 바꾸지 않습니다. 그냥 나아가는 겁니다.

(11분 48초부터)

베토벤, '영웅' 변주곡 13번째 변주

피아노: 임윤찬

임윤찬의 연주에서 악보와 일치하지 않은 부분
(도돌이표 후 반복을 포함해서).

더 클래식

이 연주 뒤에 임윤찬에게 '한 번 더 치겠냐'고 물어보면 그러자고 할지도 모릅니다. 꽤 폭탄 같은 연주였으니까요.

다른 피아니스트의 연주를 들어보겠습니다. 언제나 정교한 연주자인 피에르 로랑 에마르인데요, 뭔가 다르게 느껴지시죠? 네, 위험을 감수하는 대신 침착하고 고르게 음악을 진행하고 있습니다. 틀린 음이 거의 없죠.

(12분 37초부터)
베토벤, '영웅' 변주곡 13번째 변주
피아노: 피에르 로랑 에마르

'위험 감수자'인 임윤찬이 만약 '절대 틀리지 말자'고 마음먹었다면 안전하게 그렇게 칠 수 있었을 겁니다. 가장 먼 지점의 음이 약간씩 늦게 나오도록 조절하면 됩니다. 새끼손가락이 제자리에 있는지 확인하고, 그때 건반을 누르면 되죠. 뭐 충분히 그렇게 할 수 있습니다. 하지만 그런 건 임윤찬의 음악이 아니겠죠. 그런 수많은 안 틀리는 연주 목록에 굳이 하나 더 보탤 필요는 없을 겁니다. 따라서 이런 음표의 오류들이 곧 음악의 오류는 아닙니다. 완성해 내놓은 음악에 의미가 있었으니까요.

'좋은 연주'가 뭘까요. 저는 '머물지 않는 연주'라 봅니다. 정지해 있지 않아야 시간의 예술인 음악의 본질에 가까워지니까요. 임윤찬은 자꾸만 앞으로 나아가는 대표적 피아니스트입니다.

때로는 낯설게 보이기도 합니다. 2023년 1월 그가 영국 위그모어홀에 데뷔하자 가디언의 앤드루 클레멘츠는 "약간 덜 화려하고 더 시적이었어도 좋았겠다" "재능이 빛나지만, 깊어지고 성숙해질 여지가 있다"고 평했습니다.

이 리뷰를 읽으면서 또 한번 18세기 풍경을 떠올렸습니다. 당시 베토벤의 피아노 연주에 대해 일부는 낯설다고 했습니다.

"예전 스타일에 집착하던 음악가들은 아마 그의 연주가 거칠고 신경에 거슬린다고 여겼을 테지만 대부분의 음악가와 흥행사들, 특히 젊은 세대는 깊은 감동을 받았다."(메이너드 솔로몬)

지금 2024년엔 어떤가요? 젊은 세대는 왜 두려움 없는 피아니스트에 늘 열광하는 걸까요?

많은 전문가가 임윤찬을 20세기 최고의 피아니스트인 블라디미르 호로비츠와 연결시킵니다. 여기에서는 호로비츠 대신 베토벤을 다시 소환하려 합니다. 베토벤은 작곡가로 이름을 알리기에 앞서 유명한 피아니스트였고, 그중에서도 악보 없이 연주하는 탁월한 즉흥 연주자였습니다. 임윤찬은 기본적으로 즉흥 연주자의 기질이 있습니다. 앞서 설명한 화음의 특성 외에도 속도를 당겨 잡거나 풀어놓고, 음표의 타이밍을 조절하는 방식도 그렇습니다.

체르니는 스승 베토벤의 즉흥 연주에 대해 이렇게 묘사했습니다. "어딘가 마법 같은 구석이 있었다." 베토벤에 대한 숀버그의 비유가 임윤찬에 보다 가까울지도 모르겠네요. "이전 피아니스트들이 상냥하고 세련된 모습으로 청중에게 구애를 펼쳤다면, 베토벤은 청중의 의자 밑에 폭탄을 설치해 두었다." 자꾸만 폭탄을 터뜨리는 임윤찬 역시 그저 '피아노를 완벽하게 잘 치는' 피아니스트에 머물지는 않을 것 같습니다.

임윤찬의 주요 연주곡

바흐	음악의 헌정 중 3성 리체르카레
모차르트	소나타 9번, 협주곡 20번·22번
베토벤	협주곡 3번·4번, 5번 '황제', '영웅' 변주곡, 7개의 바가텔
쇼팽	연습곡 전곡(24곡), 돈 조반니 주제 변주곡, 협주곡 2번
슈만	협주곡
리스트	초절기교 연습곡 전곡(12곡)
차이콥스키	사계 전곡(12곡)
라흐마니노프	협주곡 2번·3번
스크리아빈	소나타 2번, 시곡(Op. 32·37·69)
프로코피예프	협주곡 2번
무소륵스키	'전람회의 그림'

임윤찬 인스타는
왜 이 사람 이름일까

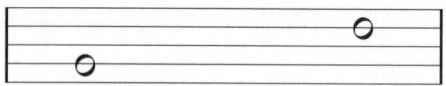

대중 앞에 거의 나타나지 않고도 숭배의 대상이 된 피아 니스트가 있다. 블라디미르 소프로니츠키(Vladimir Sofronitsky, 1901~61). 그는 소련(현 러시아) 밖에서는 거의 연주하지 않았다. 게 다가 전쟁 중이었다. 1941년 독일군이 소련을 침공했을 때도 소프 로니츠키는 자신의 자리를 지켰다. 소련 바깥에서는 단 세 번(바르 샤바·파리·포츠담) 공연을 한 것으로 전해진다.

피아니스트 스비아토슬라프 리히테르(1915~97)는 소프로니츠 키의 연주를 한 번이라도 보기 위해 애썼다. 작곡가 드미트리 쇼스 타코비치는 이런 열광적 숭배 분위기를 기록해 뒀다. 소프로니츠키 의 음악원 졸업 연주회는 당시 언론이 대서특필했다. 객석이 부서

질까 봐 걱정될 정도로 만원을 이뤘다. 그는 영하의 날씨에 손가락 없는 장갑을 끼고 청중 가득한 무대에 올랐다.

임윤찬의 인스타그램 아이디가 sofrolimsky다. 임윤찬을 보면서 많이 떠올렸던 호로비츠도, 젊은 연주자들이 영향을 받을 수밖에 없었던 아르헤리치, 폴리니, 키신도 아니고 하필 이 베일에 싸인 러시아 낭만주의 피아니스트의 이름을 골라 중간에 자신의 이름 lim을 새기듯 넣었다.

소프로니츠키를 들을 땐 먼저 알렉산드르 스크리아빈의 음악이 적당하다. 소프로니츠키가 연주하는 스크리아빈에는 정확한 정도의 관능미와 신비주의, 또 즉흥성이 있다. 그는 스크리아빈의 딸과 결혼했고, 스크리아빈의 거의 모든 작품을 연주했다. 스크리아빈은 쇼팽과 닮아 있다. 음악이 물처럼 흐른다는 점에서 그렇다. 여기에 20세기의 폭발력이 더해진다. 직관적 피아니스트가 스크리아빈을 정확히 이해할 수 있다. 소프로니츠키는 그런 점에서 스크리아빈의 피아니스트였다. 임윤찬은 스크리아빈의 피아노 소나타 2번을 반 클라이번 콩쿠르에서 연주했고, '시곡'과 소품도 종종 골라 든다.

소프로니츠키에 대해 남아 있는 평가와 기록은 임윤찬의 음악 취향을 짐작하게 한다. 소프로니츠키는 '청중이 없는 듯 연주하는' 피아니스트였고, '뭔가가 관통하는 듯한' 음악을 했으며, 공연이 아니고서는 사람들 앞에 나서기를 꺼렸다. 무엇보다 '들으면 바로 알 수 있는' 어디에도 없는 스타일이었다.

임윤찬 3
진하고 특별한 상상에서 나오는 음악

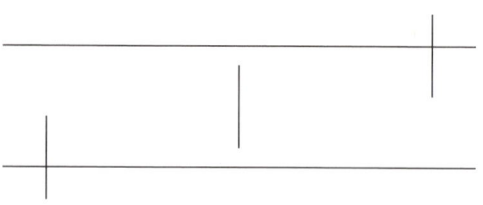

피아니스트 임윤찬의 2024년 2월 일본 공연 6회가 전석 매진됐습니다.

놀라운 음악을 들으면 이렇게 생각하게 되죠. '저 머릿속에서 어떤 일이 일어날까.' 임윤찬의 연주를 듣고, 그 후 만나 나눈 대화를 들려드립니다. 특별하고 예술적인 상상을 엿볼 수 있습니다.

"제대로 된 음악가라면 아무 대가를 바라지 않고 매일매일 산을 넘어봐야 한다고 생각해요."

스무 살의 피아니스트 임윤찬이 이렇게 말하더군요. 요즘 그가 넘는 산은 쇼팽의 연습곡 전곡(27곡)입니다.

또 이런 말도 했습니다. "제 선생님(손민수 교수)이 그런 조언을 해주셨어요. 진정한 예술가들은 연습곡을 연습곡이라 보지 않는다고. 연습곡이 아니라 피아노 판타지(환상곡)라고요. 저는 사람의 인생에서 느낄 수 있는 감정이 연습곡에 가장 많이 들어갔다고 생각해요."

그 말을 듣고서야 깨달았습니다. '그래서 음악이 달랐구나.' 지금부터 임윤찬의 쇼팽 연습곡이 다르게 들리는 이유, 그의 마음에 있던 상상의 세계를 글로 풀어내 보겠습니다. 한 시간 남짓한 연주 시간 동안 임윤찬이 꼽은 '최고의 순간'도 들을 수 있습니다. 그가 이 음악에서 최고라 소개한 피아니스트들의 연주를 통해서 말입니다.

임윤찬의 90초 상상

가장 유명한 곡 중 하나인 '흑건'(작품번호 10의 5번)을 보겠습니다. 오른손이 검은 건반만 아주 빠르게 치도록 돼 있는 특이한 작품이죠. 악보대로만 치기도 어렵습니다. 그런데 1분 30초 정도였던 임윤찬의 '흑건'은 독특하고 특별했습니다. 속도를 확 늦췄다가 다시 빨라지는 해석이 인상적이었고요. 연주의 끝에는 마치 크리스털이 부서지는 것처럼 소리가 분산됐습니다.

이 '흑건'은 무엇일까. 임윤찬이 답해 줬습니다. 그는 이런 상상을 했다고 합니다.

"오른손은 자연이에요. 반짝이는 무언가가 하늘에서 보이는데요, 그게 밝은 태양 빛은 아니고요. 약간 이렇게 뿌려져 있는 빛이라고 해야 될까요. 아침에 더 밝은 그런 빛들요. 그리고 이유는 모르겠는데 동양적인 느낌이 자꾸 느껴져요. 또 선생님은 왼손 엄지가 바순 소리를 내야 한다고 하셨는데, 그 또한 시적인 노래라고 생각해요."

이 말을 듣고 보니 임윤찬의 '흑건'에서 음들이 나타났다 사라지고, 부서졌던 그 순간이 무엇이었는지 이해가 됩니다.

그가 "이걸 듣고 인생에서 가장 큰 충격을 받았다"고 표현한 연주를 동영상으로 들어보겠습니다. 피아니스트 이그나츠 프리드만(1882~1948)이 연주한 '흑건'입니다. 임윤찬은 블라디미르 파흐만(1848~1933)의 '흑건' 역시 "정말 깜짝 놀랐다"고 했습니다.

(처음부터)

쇼팽, 연습곡 10의 5번 '흑건'
피아노: 이그나츠 프리드만

그는 연습곡 27곡 전부에서 특별한 이미지와 감정을 상상하며 연주한다고 했습니다. 어떤 곡에서는 작곡가의 마지막 노래, 그러니까 '백조의 노래'를 느껴 가장 사랑하게 됐다고 하고요.

진한 드라마, 강렬한 스토리가 흘러나왔던 이유가 바로 이거였구나 싶었습니다. '삶의 수많은 감정, 자연의 대단한 장면이 들어 있었구나. 연습곡으로 세계의 그 어떤 일류 무대에도 설 수 있겠구나.'

"통틀어 최고의 순간은 여기"

임윤찬의 쇼팽은 '음표'보다는 '음표 사이의 시간'에 대한 연주였습니다. 그의 연주는 음표와 음표 사이의 간격이 독특합니다. 대화를 배열하듯, 또는 숨을 쉬듯 음 사이의 간격을 조절했습니다.

그중에서도 임윤찬이 가장 공들인 순간은 어디일까요. "작품 번호 25의 6번에서 7번으로 넘어가는 때요." 임윤찬은 조성의 변화를 설명하면서, 6번 마지막 화음의 가장 아래 음과 7번의 시작 음이 똑같다는 것을 이야기했습니다. 7번은 G#(솔 샤프)로 시작하는 왼손이 느리고 어둡게 노래를 이끌어갑니다.

무대에서 그는 7번을 일반적 연주보다 훨씬 느리게, 체념한 듯 연주하더군요. 임윤찬은 "6번이 끝나고 7번이 시작될 때가 나에게는 최고의 순간"이라고 이야기해 줬습니다. 2019년 통영국제음악콩쿠르에서도 왼손을 건반에서 내리지 않고 그대로 이어서 연주하는 걸 볼 수 있습니다. 악보와 동영상을 봐 주세요.

(29분 5초부터)

쇼팽, 연습곡 25의 6번과 7번
피아노: 임윤찬

6번의 마지막과 7번의 시작. 빨간 원 안의 음이 똑같다.
왼손의 가장 아래 음이다.

그는 또 7번 연습곡을 "가장 중요한 연습곡, 가장 많은 상상력을 담아낼 수 있는 곡"이라고 했습니다. "쇼팽의 백조의 노래, 즉 마지막 음악처럼 느껴진다"는 이유입니다.

임윤찬이 7번 연습곡을 설명해 주기 위해 악보를 펼쳤습니다. 거기에는 손가락 번호 같은 기술적인 것은 거의 적혀 있지 않습니다. 악보는 깨끗한 편이었죠. 대신 마치 시의 한 구절 같은 글귀들이 악보 곳곳에서 눈에 띄었습니다. '꿈속에서 사랑했던 여인이 사라지는 것' '슬픔을 체념하고 얼어붙은 마음' '왈칵 쏟아지는 눈물' '점을 하나 딱 찍는 느낌'.

임윤찬의 연습곡이 시적(詩的)이었던, 또 여러 감정의 기록장과 같았던 이유는 바로 이것이었습니다. 임윤찬이 '꿈속에서 사랑했던 여인의 사라짐'을 떠올리는 부분, 궁금하시죠? 그가 이 곡의 최고 연주자로 꼽은 블라디미르 호로비츠의 연주로 들어보겠습니다. 왼손의 노래가 바로 그 부분입니다.

(1분 16초부터)

쇼팽, 연습곡 25의 7번
피아노: 블라디미르 호로비츠

다음은 80분의 거대한 작품

물론 임윤찬이 무대에서 떠올리는 이미지가 항상 고정돼 있는 건 아닙니다. "쇼팽도 변덕스러운 사람이어서 연주할 때 상상하는 것이 변화했을 거라 생각해요. 어느 정도 일관성은 있지만, 의무처럼 떠올리는 건 아니에요."

그가 일관되게 추구하는 것이 있다면 아마 '자연'일 겁니다. "고등학생 때인가, 모차르트를 굉장히 고르게 연주했어요. 그때 선생님이 그러셨죠. 자연에는 직선이 없다고요. 정말 맞는 말이라고 생각했어요. 자연이 없는 음악, 직선만 있는 음악은 정말 해서는 안 되겠구나." 임윤찬의 연주가 예측 불가능한 동시에 이해 가능한 이유입니다. 그게 우리가 자연에서 느끼는 감정이니까요.

같은 이유에서 그의 음악은 다듬어진 완벽함을 일부러 비껴갑니다. 임윤찬은 이렇게 말합니다.

"자신만의 이야기를 넣고, 자유롭게, 상상력으로 연주해야 한다고 생각합니다. 피아니스트 알프레드 코르토가 쓴 《쇼팽을 찾아서》라는 책을 읽었는데, 쇼팽이 제자들에게 테크닉보다 상상력으로 터치하는 걸 가르쳤다고 해요. 그리고 혼을 다 넣어 연주하라고 했다고요. 쇼팽은 악보 너머에 있는 나만의 상상력으로 쳐야 하는 것 같습니다."

임윤찬이 아트 테이텀, 오스카 피터슨 같은 재즈 피아니스트를 자주 언급하는 것도 '자신만의 상상력'과 비슷한 맥락이겠죠. "그분들의 인터뷰를 많이 보니 재즈의 자유로움도 수많은 자기와의 싸움, 여러 시도를 통해 나온 거란 걸 알게 됐어요. 저도 연습곡에서 수많은 감정적인 실험을 해봤거든요. 사실 대부분은 실패했지만요."

그는 상상하고, 또 상상한 것을 실험해 보는 시간을 '연습'이라고 부릅니다. 임윤찬이 연습곡을 온종일 연습한다는 말은 바로 이 뜻입니다. 피아노 앞에서 손가락을 훈련하는 시간과는 다릅니다. "늘 하루가 되게 부족하다"고 했습니다. 그의 연습곡이 보통 연습곡 해석과 다른 이유가 비로소 이해가 됩니다.

"제대로 된 음악가라면 아무 대가를 안 바라고 매일매일 산을 넘어 봐야 한다고 생각해요. 이런 산도, 저런 산도 매일 넘어 보는 거죠."악보를 들고 하루 종일 연습실에 칩거하는, 이번 쇼팽 녹음 스튜디오에서는 나흘 동안 500번 정도 연주했다는 노력파인 그에게 마지막으로 물었습니다. "그렇게 산을 넘는 행복감이 있나요?" 그가 약간 웃으며 고개를 숙이고 대답했습니다. "거의 없어요. 한 번도."

그리고 카네기홀이 2025년 계획을 발표했습니다. 임윤찬은 2025년 4월 25일 카네기홀에서 바흐의 골드베르크 변주곡을 연주합니다. 30개의 변주곡으로 된 80분짜리 대곡. 모든 상상력과 진심을 동원해, 자꾸만 실패하면서도 끝까지 등정하는 임윤찬이 또 산 하나를 넘으려나 봅니다.

이제 그가 "자신만의 상상력이 가장 좋았던 연주"로 꼽은 소프로니츠키의 쇼팽 연습곡을 들어보겠습니다. 쇼팽이 마지막으로 남긴, 작품번호가 붙지 않은 3개의 새로운 에튀드 중 2번입니다.

(처음부터)

쇼팽, 3개의 새로운 에튀드 중 2번
피아노: 블라디미르 소프로니츠키

'스타 선생님'이었던
쇼팽의 연습곡

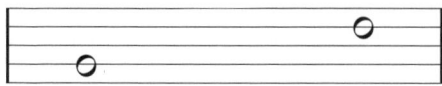

쇼팽의 연습곡(etudes, 에튀드)은 12곡씩 두 세트, 그렇게 24곡을 기본으로 한다. 우선 첫 번째 세트는 작품번호(Opus 또는 Op.) 10이다. 쇼팽이 19~22세인 1829~32년에 작곡한 12곡이다. 그러니까 '쇼팽 연습곡 10의 5'라고 하면 작품번호 10 중에서 다섯 번째 곡을 뜻한다. 두 번째 세트는 작품번호 25의 12곡. 1832~35년에 작곡됐다. 두 세트 모두 출판은 1837년에 됐다.

쇼팽은 1830년에 고향 폴란드를 떠났고, 빈에서 피아니스트로 데뷔한 후 파리에 정착했다. 1832년에 피아노 레슨을 시작했다. 그는 이름난 '피아노 선생님'이었다. 프랑스와 폴란드, 오스트리아, 독일, 스웨덴, 노르웨이에서까지 제자가 찾아왔다. 세심한 스승으로 소문난 그는 연습곡에도 피아노 연주의 기술을 꼼꼼하게 새겨넣었다. 화음을 펼쳐서 연습하는 10의 1번, 반음씩 올라가는 건반을 연습하는 2번, 오페라처럼 노래할 수 있도록 인도하는 3번, 3도 화음을 연습시키는 7번…. 많은 해석가가 각각 제목을 붙였지만 '이별'(10의 3번), '혁명'(10의 12번), '에올리안 하프'(25의 1번), '나비'(25의 9번), '겨울바람'(25의 11번) 등이 보편적으로 불리는 별명이다.

이전의 연습곡들, 무치오 클레멘티나 카를 체르니 등의 작품과 비교했을 때 쇼팽의 연습곡은 무대 위에서의 연주를 염두에 뒀다. 기술적 도전과 예술적 성취, 두 가지 모두를 목표로 하는 작품들이다.

24곡은 수많은 피아니스트가 연주했다. 하지만 작품번호가 붙지 않은 3곡은 상대적으로 적게 연주된다. '새로운 에튀드 3곡'이라는 이름으로 1839년에 나온 연습곡이다. 임윤찬은 이 곡까지 포함해 모두 27곡을 연주했고, 음반으로는 24곡만 녹음했다.

임
윤
찬

인
터
뷰

Interviewer

김호정

●

Interviewee

임윤찬

김호정　　에튀드 연주 잘 봤어요. 에튀드는 악보대로 치기 쉬운데, 윤찬 씨 연주는 악보 넘어 소리의 원형을 찾는 것 같았어요. 무엇이었나요?

임윤찬　　피아니스트 김도현 형이 책을 하나 추천해 줬는데 알프레드 코르토의 《쇼팽을 찾아서》예요. 형도 최근에 너무 감명 깊게 읽었다고 했어요. 거기에 '스승으로서 쇼팽'이라는 부분이 있는데 쇼팽이 제자에게 테크닉보다 상상력으로 터치하는 걸 많이 가르쳤다고 해요. 그러니까 상상하고, 자기만의 어떤 지적인 상상력으로 터치하는 방법을 가르쳤다고요. 그리고 혼을 다 넣는 연주를 되게 중요하게 생각했다고 하고요. 또 생각을 안 하는 음악은 음악이 아니라고 가르쳤다고 합니다. 악보 너머에 있는 저만의 상상력으로 쳐야 하는 게 쇼팽 음악인 것 같습니다.

김호정　　그래서인지 윤찬 씨의 연주에는 악보에 없는 셈여림이 등장하고, 갑작스럽게 멈췄다 가는 부분도 있었어요. 자신의 목소리가 분명한 연주였죠. 그런 표현들은 무대에서 즉흥적으로 하는 건가요?

임윤찬　　그런 부분도 있고, 아닌 부분도 있어요. 전체적으로는 다 그전에 설계하고, 근데 설계를 한 부분이 별로라서 그냥 안 하기도 하고. 오히려 생각 안 한 거를 무대에서 하기도 하는데 전반적으로는 그전에 생각을 해놓고요. 쇼팽뿐만 아니라 다른 작곡가도 그래요.

김호정   어떤 것들을 상상하나요? 장면? 스토리? 쇼팽이라
는 사람?

임윤찬   쇼팽도 되게 변덕스러운 사람이어서 연주할 때 상
상하는 게 다 달랐을 거라고 생각해요. 예전에 제가 (손민수) 선생님
이랑 레슨할 때 쇼팽 에튀드는 아니었는데, 한 주 전 레슨 때 선생
님이 '이런 이미지인 것 같다'라고 그러셨어요. 그래서 제가 적고서
다음 레슨 때 그렇게 쳤더니 선생님께서 막 웃으시더라고요. 그건
지난주의 생각인데 왜 그거를 그렇게 연습하냐고. 이렇게 하면 안
된다고요. 상상력은 매번 다른 거죠. 그럼에도 전체적인 에튀드마
다 이미지는 있는 것 같아요.

김호정   일관되게 유지되는 이미지가 있는 거죠?

임윤찬   네네, 그런 건 있어요.

김호정   예를 들어 '흑건'(연습곡 10의 5번)이다, 무엇이 떠오
르나요?

임윤찬   개인적으로 동양적인 그런 느낌이 있어요. 근데 그
게 왜인지는 저도 잘 몰라요. 그리고 딱 들었을 때 오른손들은 그게
사실 자연이에요. 흑건의 오른손은 자연이라고 생각해요. 선생님은

'작품번호 25의 6번에서 오른손 3도 화음은 그냥 바람이 아니라 좀 쓸쓸한 바람이다' 이렇게 말씀하셨어요. 10의 5번은 뭔가 반짝이는 무언가가 하늘에서 보이는데 그게 약간 태양 빛 같은 건 아니고 약간 이렇게 뿌려져 있는 빛이라고 해야 할까요. 밤하늘의 별은 아니고 아침에 더 밝은 그런 빛들이 이렇게 나는 거예요. 또 왼손 엄지는 선생님이 바순 소리가 나야 한다고 하셨는데 그 왼손은 또 시적인 노래 같아요. 그것도 매번 바뀌긴 하지만 전체적으로는 그런 이미지가 저한테 있어요.

김호정　　모든 넘버에 그런 이미지가 있는 거죠?

임윤찬　　네, 맞습니다. 근데 매번 다르게 생각할 수 있어서 그게 의무처럼 느껴지지는 않아요.

김호정　　그런 이미지들은 어떻게 떠오르는 건가요?

임윤찬　　제가 집에서 아이디어를 내는 것도 있고, 선생님께서 상상도 못 할 그런 아이디어를 주시기도 해요.

김호정　　모차르트 피아노 곡들에서 그의 오페라가 떠오르듯이, 쇼팽은 오페라가 없지만 윤찬 씨의 에튀드에서 드라마가 자꾸 튀어나오더군요.

임윤찬　　사실 모차르트와 쇼팽이 되게 비슷한 부분이 많은 것 같아요. 모차르트도 왼손이 정말 섬세하면서 그 안에 엄청나게 복잡한 프레이즈들이 있죠. 또 오른손은 모차르트 음악의 기본적인 베이스가 어쨌든 특별하므로 피아노 소나타 하나를 쳐도 오른손은 다 오페라 노래거든요. 근데 쇼팽도 마찬가지로 정말 스테디한 왼손이 받쳐주면서 오른손은 노래하는 건데 그런 부분이 굉장히 비슷하다고 생각해요. 또 쇼팽이 독주회에서 벨리니나 여러 오페라 아리아를 편곡해서 연주했던 프로그램이 되게 많아요. 그래서 그렇게 느껴질 수 있다고 생각해요.

김호정　　　그래서 요새 앙코르곡으로 벨리니 오페라 아리아 '정결한 여신'을 늘 연주하는 건가요?

임윤찬　　　그런 것도 있고요, 너무 힘들어서 그걸 칠 수밖에 없는 것도(웃음).

김호정　　　'흑건' 이야기 재미있었어요. 또 다른 넘버에서 가지고 있는 이미지 중 어떤 것이 강렬한가요?

임윤찬　　　사실 뭔가 물어보실 것 같아서 악보를 가지고 왔어요.

김호정　　　직접 편집한 악보인가요?

임윤찬　　　네, 다섯 번째 악보예요. 여기는 생각보다 많이는 (메모가) 안 쓰여 있어요. 저는 개인적으로 25의 7번이 중요한 에튀드라고 생각하는데 나머지 다 잘 쳐도 25의 7번을 못 치면 쇼팽의 스피릿을 잘 따라가지 못한다고 생각해요. 에튀드 중에서 가장 중요한 곡이에요. 25의 6번에서 7번으로 넘어가는 순간이 저에게 최고의 순간이에요.

김호정　어떤 점에서 그렇죠?

임윤찬　쇼팽이 에튀드 사이를 넘어갈 때도 되게 연관을 많이 지어서 썼어요. 프렐류드에서도 그랬지만요. 일단 25의 7번은 가장 높은 상상력을 담아낼 수 있는 곡이고, 그다음에 왼손이 노래한다는 것도 굉장히 특별한 것 같아요. 제가 어릴 때 이 곡을 왜 이해하지 못했을까 생각해요.

김호정　12곡의 세트들을 전체적으로 한 곡으로 보여주고 싶어 한다는 인상을 받았어요. 6번에서 7번으로 넘어갈 때도 연결선이 있었나요?

임윤찬　6번이 g# 마이너인데 (마지막 화음은) G# 메이저로 끝나거든요. 근데 25의 7번 조성이 c# 마이너인데 첫 음이 g#으로 시작한단 말이죠. 그것도 사실 쇼팽이 노린 거거든요. 근데 그렇게 넘어가는 게 다른 에튀드들 넘어가는 거랑 또 다른 차원으로 느껴져요. 음악가들이 마지막으로 연주한 것을 흔히 스완 송(백조의 노래)이라고 하는데 25의 7번은 쇼팽의 스완 송이라고 느껴요.

김호정　어떻게 들으면 아주 느리고 깊은 음악이라, 제일 연습곡 같지 않은 거 아닌가 싶은데요.

임윤찬　저는 오히려 제일 에튀드 같다고 생각해요.

김호정　음악적인 의미에서 그런가요?

임윤찬　쇼팽이 테크닉보다는 제자들에게 상상력을 넣은 터치를 가르쳤기 때문에 그 에튀드 쓰면서 그런 걸 분명히 생각하고 썼을 거라 생각해요. 오히려 다른 에튀드들이 더 쉽다고 느낄 수도 있어요.

김호정　그래서 쇼팽의 에튀드는 어떤 장르라고 생각하나요. 흔히 말하는 '연주가 가능한 연습곡' 정도의 차원은 아닌 걸로 보였어요.

임윤찬　그거에 대해서는 선생님께서 저한테 정확한 조언을 하신 적이 있어요. 진정한 예술가들은 에튀드를 에튀드라고 보지 않는다고. 에튀드가 아니라 피아노 판타지라고요. 그런 테크닉들은 쇼팽의 상상력에 도움을 줄 뿐 단순히 연습곡이라 생각하면 안 된다고 작년에 말씀하셨어요. 러셀 셔먼 선생님의 책《피아노 이야기》에도 '모든 곡은 피아노 판타지'라고 말씀하신 부분이 있죠. 그건 절대 바뀌지 않는 진리인 것 같아요.

김호정　　에튀드에서 쇼팽의 어떤 상상을 만나나요?

임윤찬　　저는 의외로 다른 프렐류드나 그런 것보다 사람의 인생에서 느낄 수 있는 감정들이 더 많이 들어갔다고 생각해요.

김호정　　사실 프렐류드는 쇼팽이 아주 힘들 때 썼지만, 에튀드는 보다 잘나갈 때, 젊고 유망할 때 쓰지 않았나요?

임윤찬　　코르토 책에도 보면 쇼팽이 자기 능력을 과시하려고 쓴 부분이 보인다고 나와는 있어요. 그렇지만 그렇게 단순한 생각에서 나온 음악은 절대 아닐 거예요. 뭔가 다른 게 분명히 있어요.

김호정　　쇼팽의 어떤 상상이 가장 강렬하게 보여요?

임윤찬　　제가 상상한 것과, 선생님이 이야기해 주신 것을 잘 정리해 보곤 해요. 예를 들어 (25의 7번의 악보를 가리키며) '꿈속에서 사랑했던 여인이 사라지는 것'이라고 선생님이 써놓으셨어요. '슬픔을 체념하고 얼어붙은 마음'. 또 이런 거는 '추억 속으로' 이렇게 쓰여 있고요. 또 이 부분은 되게 동양적인 것 같다, 점 하나 딱 찍는 느낌. 또 여기는 '왈칵 쏟아지는 눈물'.

김호정　　그래서 굉장히 시적인 장면들로 들리는군요.

임윤찬　　네, 선생님께서 시적인 상상력으로 피아노를 치라고 하셨기 때문에.

김호정　리스트의 초절기교 연습곡 때도 래슨실에 제가 취재를 하러 갔었죠. 선생님께서 여러 장면을 상상할 수 있도록 이야기해 주시는 걸 봤었어요.

임윤찬　선생님과 저의 깊이 차이가 이만큼 벌어져 있죠. 저는 얕은 물이라서….

김호정　항상 20세기 초중반 피아니스트들의 에튀드를 더 좋아하더군요. 녹음 기술이 막 시작했을 때의 연주자들이죠.

임윤찬　그때의 피아니스트들이 자신의 이야기를 많이 넣고, 되게 자유로웠다고 생각해요.

김호정　깎아놓은 듯한 완벽한 음악에는 매력을 못 느끼죠?

임윤찬　AI가 만든 자연을 보고 아름답다고 하지 않는 것과 비슷하다고 할 수 있어요.

김호정　그런데 그 자유로움에, 윤찬 씨의 테크닉적인 발전이 더해진 게 아닌가 싶고요.

임윤찬　코르토조차 자신의 색깔에 만족하지 못했죠. 그런데 테크닉적으로만 발전하는 것은 좋지 않은 것 같아요. 제가 뭐라고 할 수 있는 문제는 아니지만요.

김호정 이그나츠 프리드만이 연주한 '흑건'을 애플 뮤직 클래시컬에 플레이리스트로 추천했죠.

임윤찬 저는 정말 깜짝 놀랐던 게, 피아니스트 블라디미르 파흐만이 에튀드를 다 치진 않았지만 말씀하신 '흑건' 연주는 정말 깜짝 놀랐어요. 또 제 인생에서 가장 큰 충격이 프리드만의 '흑건'을 들었을 때예요. 그리고 블라디미르 소프로니츠키의 에튀드 처음 들었을 때요.

김호정 소프로니츠키의 쇼팽 에튀드요?

임윤찬 에튀드가 몇 개 있는데 그분도 자기만의 상상력을 넣어서 좋아요. 특히 3개 에튀드(작품번호가 없는 유작) 중에 2번 녹음이요.

김호정 25의 7번은 어떤 연주자의 것이 가장 이상적이었나요?

임윤찬 호로비츠인 것 같아요.

김호정 좋아하는 연주자의 리스트를 봐도 늘 자유로움을 추구한다고 느껴요. 재즈도 좋아하는데 그 자유로움과 무엇이 같거나 다른가요?

임윤찬 제가 재즈 피아니스트들 인터뷰를 많이 보다 보니 그 자유로움도 수많은 자기와의 싸움, 또 여러 가지 시도를 해서 그게 무대에서 자유롭게 나오는 거라고 하시더라고요. 저도 사실 에 튀드에서 수많은 저의 감정적인 실험을 했거든요. 사실 대부분은 실패하는데.

김호정   실패한다는 건 생각과 다르게 나온다는 건가요?

임윤찬   뭔가 쇼팽이 이런 생각을 하지 않았을 것 같다는 느낌이 들 때는 그건 안 하죠. 제자들이 다르게 치는 걸 보면서도 연주가 마음에 든다고 인정했다고 하긴 하지만요.

김호정   쇼팽이 템포 루바토를 전수하기에 되게 힘들어했다고 하죠. 일본에서의 연주도 보면서, 어느 정도까지 표현을 허용하고 혹은 하지 않을까 궁금했어요.

임윤찬   보통 모든 음악가가 그렇겠지만 마음 안에서 자신이 원하는 정말 최고 수준의 음악이 있을 거예요. 그거와 비교했을 때 너무 덜하거나 너무 과한가 하고 생각하면서 그 사이를 찾는 일을 정말 많이 했어요. 그런 방법도 있고. 또 존경하는 음악가들이 과연 어느 정도의 루바토를 했을지 찾아 들어보면서 제가 너무 과했다 싶을 때는 줄이기도 하고, 너무 그냥 흘러가는 것 같다고 생각하면 더 하기도 하고요.

김호정   그느라 하루 종일 연습하는 거죠?

임윤찬   하루가 되게 부족해요.

김호정   윤찬 씨의 연주를 보면 그런 생각이 들어요. 저렇게 하려면 시간이 얼마나 많이 들까.

임윤찬   근데 사실 제대로 된 음악가는 아무 대가를 안 바라고 매일매일 이런 산도 저런 산도 넘어보고 하는 거기 때문에요. 사실 그걸 하려고 음악을 하는 거여서.

김호정   그러면 행복감이 있나요? 산을 넘으면?

임윤찬   거의 없어요. 한 번도. 제가 여태까지 해왔던 곡들도 그렇고 다 저만의 선을 넘기 위한 그런 곡들이었어요. 쇼팽 에튀드도 많은 분들이 그 산을 넘었지만, 저도 넘기 위해 도전해요. 다음에 할 곡도 그런 거예요. 매일 다른 산을 넘는 것 같은.

김호정   또 전곡인가요?

임윤찬   저는 무조건 다 쳐요. 일단 그럴 거예요.

김호정   무대 위의 스타일을 보면 늘 다르게 치기 때문에 스튜디오 녹음을 어떻게 할까 싶어요.

임윤찬   테이크 엄청 많이 해요. (이번 쇼팽 녹음에서도) 한

500번 한 것 같아요. 되게 다르게 하는데 그래도 괜찮은 걸 골라야 하기 때문에요.

김호정 녹음하면서 뭘 추구했나요? 생생한 라이브 연주? 아니면 정말 스튜디오 녹음?

임윤찬 사실 그런 거 생각 안 하고 그냥 어떻게 해야 자연이 더 느껴질 수 있을까 고민했습니다.

김호정 늘 자연이죠. 왜 자연일까요?

임윤찬 자연과 음악이라고 했을 때 재밌는 얘기가 있어요. 제가 모차르트를 배운 적이 있는데, 고등학생이었나, 근데 제가 너무 고르게만 쳤어요. 선생님이 저를 갑자기 빤히 보시더니 '이해할 수 없다'라고, '자연에는 직선이 없는데 너의 음악은 너무 직선이다. 곡선이 느껴져야 하는데.' 예를 들어 (컵을 가리키며) 이런 것도 보면요. '그렇지 직선이 없는데, 맞아.' 자연이 없는 음악, 특히 스튜디오 녹음 음반에서 너무 직선인 음악은 안 된다고 생각해요.

그 한 음, 100년 전 자유였다
임윤찬이 새 앨범에 심은 비밀

©유니버설 뮤직

피아니스트 임윤찬이 숨겨 놓은 '한 음', 또 '한 마디' 다들 찾으셨나요.

그의 새 음반 이야기입니다. 2024년 4월 19일 임윤찬은 쇼팽의 연습곡 24곡을 모두 녹음한 음반을 내고, 기자간담회에서 '다른 음'에 대해 이야기했습니다. 쇼팽이 써 놓은 음표와 다르게 쳐서 녹음했다는 거였죠. 혹시 찾으셨나요? 다음 영상과 악보에서 확인해 보세요. 연습곡 작품번호 25의 9번, 일명 '나비'입니다.

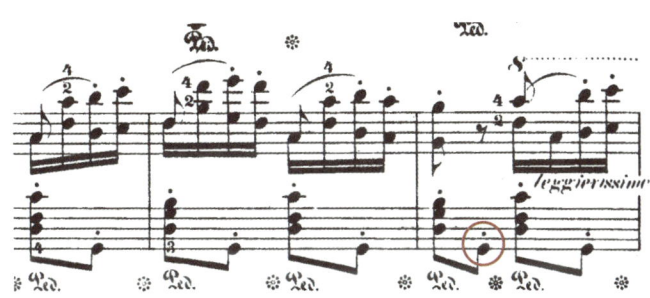

(41초부터)
쇼팽, 연습곡 25의 9번 '나비'
피아노: 임윤찬

임윤찬이 변형해서 연주한 부분.

악보에 표시한 빨간 동그라미 부분에서 연주가 다릅니다. 악보에는 짧은 솔 플랫(G♭)인데 임윤찬은 레 플랫(D♭)으로 길게 연주했습니다.

그런데 이게 중요할까요? 그 수많은 음 중 단 하나를 다르게 쳤다는 게요.

네, 많이 중요합니다. 이번 음반의 정신이 이 한 음에 담겨 있거든요. 지금부터 설명해 드리겠습니다.

이 곡은 24개의 연습곡 중 '나비'라는 제목이 붙은 음악입니다. 우선 다음 피아니스트의 같은 부분 연주를 들어보세요. 폴란드 피아니스트 이그나츠 프리드만입니다.

(40초부터)
쇼팽, 연습곡 25의 9번 '나비'
피아노: 이그나츠 프리드만

악보를 임윤찬과 똑같이 변형해 연주했던 것을 들을 수 있죠? 단순한 음의 변화 이상입니다. 예상치 못한 음이 습격처럼 귀와 마음을 때리는 순간이죠.

문제의 음표 하나

악보대로 하는 연주에 익숙하다면 충격을 받을 수 있습니다. 미국의 지적인 피아니스트인 제러미 덴크도 정확히 이 부분에 대해 묘사한 적이 있죠.

"모든 음반을 통틀어 내가 가장 좋아하는 순간을 꼽으라면 프리드만의 '나비' 연습곡을 들겠다. (중략) 마지막에 가까워질 때 한 음이 '정상적인' 음 여러 개와 같은 시간을 차지한다. 이 대목에서 시간이 공처럼 공중으로 날아오르는 느낌을 받는다. (중략) 덧붙이자면, 악보에는 이렇게 하라는 지시가 전혀 없다."(《이 레슨이 끝나지 않기를》, 에포크)

이렇게 음 하나가 시간을 휘게 합니다. 시종일관 같은 리듬으로 경쾌하게 진행되던 음악이었는데 갑자기 '따앙' 하고 이상한 음이 등장한 거죠. 이그나츠 프리드만의 기발한 표현입니다. 사실 이 음 하나뿐만이 아니라 그 4마디 전, 8마디 전에도 프리드만 특유의 독특한 해석이 나옵니다. 임윤찬은 이번 앨범에서 그 부분들을 프리드만과 비슷하게 표현하면서 헌사를 바쳤습니다.

임윤찬은 또 이 곡의 맨 처음에도 아예 한 마디의 왼손 전체를 바꿔서 악보와 다르게 연주했습니다. 기자간담회에서 "프리드만의 연주가 너무 매력적이라 나도 왼손 음을 아예 바꾼 마디"라고 했던 부분입니다. 다음 부분을 들어보세요. 프리드만의 1920년대 녹음과 똑같이 '음표를 바꿔' 연주하고 있습니다.

(6초부터)

쇼팽, 연습곡 25의 9번 '나비'
피아노: 임윤찬

임윤찬은 언제나 프리드만을 사랑하는 피아니스트로 꼽습니다. 그런데 프리드만은 1882년생이고 1948년에 세상을 떠났습니다. 쇼팽의 연습곡 녹음은 1920년대에 했고요. 꼭 100년 전입니다.

쇼팽이 작곡한 원래의 악보대로 연주하면 어떻게 다른지 들어볼까요? 블라디미르 아쉬케나지의 연주입니다.

(5초부터)

쇼팽, 연습곡 25의 9번 '나비'
피아노: 블라디미르 아쉬케나지

100년 전의 자유로움

스무 살의 임윤찬은 이처럼 한 세기 전의 피아니스트들과 영감을 공유합니다. 당시의 정신을 사랑하는 걸로 보이는데요, 그 정신은 바로 '자유'입니다. 20세기 초중반 피아니스트들은 참으로 자유로웠습니다. 무엇보다 녹음 기술이 지금처럼 발전하지 않았기 때문에

날것의 연주가 많습니다. 임윤찬이 지향점으로 여기는 음악의 자유
는 이를테면 다음과 같은 것들일 겁니다. 들어보시죠.

(처음부터)
쇼팽, 연습곡 25의 9번 '나비'
피아노: 요제프 호프만

이게 뭔가 싶죠? 피아니스트가 연주하러 나왔는데 난데없이
피아노 조율이라도 하듯 뚱땅거리며 건반의 소리를 내본 장면입
니다. 이래도 되나 싶은데요. 말씀드렸듯 지금보다 자유로웠던 그
시대에 종종 있던 일이었습니다. 참고로 임윤찬도 한 무대에서 이
런 식으로 연주 직전 피아노를 '점검'한 일이 있었답니다. 그다음의
100년 전 자유를 들어볼까요. 빌헬름 박하우스(1884~1969)의 쇼팽
연습곡 작품번호 10의 2번 마지막 부분입니다.

(1분 4초부터)
쇼팽, 연습곡 10의 2번
피아노: 빌헬름 박하우스

박하우스는 악보에 없는 음을 넣어 연주했다.

이 또한 1927년의 녹음인데요, 마지막에 화음이 하프 소리처럼 펼쳐지며 올라가는 부분은 악보에 없습니다. 연주자가 즉흥적으로, 자의로 덧붙인 것이죠.

임윤찬의 자유로움

임윤찬은 이 오래된 피아니스트들처럼 음표 너머 자신의 상상을 발견하는 연주자죠. 100년 전 연주자들의 그림자가 이번 음반의 곳곳에 드리워있습니다. 임윤찬의 자유로움은 이번 음반의 다음과 같은 부분에서 드러납니다. 연습곡 10의 8번입니다.

(2분 8초부터)

쇼팽, 연습곡 10의 8번
피아노: 임윤찬

포르테시모로 적힌 부분. 임윤찬은 부드럽게 처리한다.

악보에는 분명히 크게(ff, 포르테시모) 연주하도록 돼 있는데, 임윤찬은 부드럽고 작은 소리로 처리했습니다. 실제 무대에서도 이 부분을 작게 연주하더군요. 그는 8번에 대해 '언덕에서 밝은 미소로 마을을 내려다보는 느낌'이라고 표현했는데요. 이 자신만의 상상에 작고 온화한 소리가 어울립니다.

때로는 악보에 적힌 것보다 훨씬 거칠게 소리를 울려냅니다. 연습곡 10의 4번입니다.

(1분 33초부터)

쇼팽, 연습곡 10의 4번
피아노: 임윤찬

여기에서는 작곡가가 지시하지 않은 페달을 꾹 눌러 내면서 위협적이고 불안한 사운드를 만들어냈습니다. 이 밖에도 양보 없이 밀고 가는 추진력, 갑자기 늦췄다가 빨라지는 속도, 노래를 본뜬 듯한 소리 등이 이번 음반에서 눈에 띕니다. 20세기 피아니스트들의 자유로움에서 받은 영향이 뚜렷한 부분들입니다.

그가 언급한 '좋아하는 피아니스트' 목록을 한번 보세요. 블라디미르 드 파흐만(1848~1933), 요제프 레빈(1874~1944), 알프레드 코르토(1877~1962), 마르크 함부르크(1879~1960). 요즘처럼 완벽하고, 어쩌면 일률적인 음악에 익숙해지기 이전의 피아니스트들입니다. 그래서 '자유'를 추구할 수 있었던 시절이었죠.

스무 살의 흥미로운 모순

임윤찬은 음반도 별로 남아 있지 않은 이 시절 피아니스트들의 음악을 찾고 또 찾아 들었다고 합니다. 더는 찾아 들을 영상이 유튜브에 없을 정도로 그 시절 음악에 탐닉했다고 하죠. 어쩌면 유튜브라는 음악 아카이브의 보고 덕에 임윤찬 같은 '스무 살의 100년 된 음악'이라는 모순이 가능해졌는지도 모르겠습니다.

이번 음반을 내면서 임윤찬은 한 음원 사이트에 자신의 플레이리스트를 공개했습니다. 거기에 있는 음악가들의 이름도 한번 보겠습니다. 김현식(1958~90), 유재하(1962~87), 김광석(1964~96), 그리고 이문세(1959~). 클래식뿐 아니라 가요마저 옛 노래입니다. 플레이리스트의 제목은 '외로운 시간을 함께해 주는 음악'. 스무 살

청년의 내면이 다시 한번 흥미로운 모순을 전시합니다.

쇼팽은 연습곡을 20세 무렵에 썼습니다. 특히 첫 번째 세트(작품번호 10)는 딱 임윤찬의 나이에 작곡했죠. 그런데 임윤찬은 기자간담회에서 쇼팽과 '동년배' 느낌이라는 질문에 고개를 갸웃거렸습니다. "무의식중에 (동년배 의식을) 느꼈을 수도 있지만, 음악 자체를 파악하는 데 더 집중했다"고 답했죠. 그의 마음은 또래 대신 몇 세대 위의 예술가와 닿아 있나 봅니다. 이번 앨범은 그 시대에 바치는 헌사와도 같습니다. 연습곡 '나비'에 숨은 이스터에그처럼, 옛 시대에 대한 그의 은근한 은유와 사랑 고백을 또 찾아보시기 바랍니다.

임윤찬, 이 곡에서 이런 상상했다

작품번호 10	
1번	빅뱅 이후 수많은 별과 마주하다
2번	세상에서 가장 작은 나방
6번	현실의 고통을 잊기 위해 술 마시고 노래하는 감정
9번	셰익스피어 '템페스트'
10번	몰디브 해변
12번	헬레네 여왕 납치에 대한 그리스인들의 분노
작품번호 25	
1번	백조가 희망에 가득 찬 눈빛으로 노래하는 것
4번	방금 이별을 고한 애인에게 매달리는 사람의 절박함
7번	연인과 헤어져 아파하고 사랑을 잊게 되는 외로운 노인
8번	노란색, 분홍색, 주황색 같은 화려한 색깔
10, 11, 12번	세상의 종말을 향해가는 것

•임윤찬 쇼팽 연습곡 음반의 내지에서 발췌
(제공: 유니버설 뮤직)

더 클래식

PART 2.

더
뮤지션

The Musician

정경화

런던을 박살낸 '활의 침공'

©중앙포토

"당신은 지금 세계에서 가장 유명한 한국인이잖아요!" 1970년대 영국의 한 TV 진행자가 토크쇼에서 이렇게 말했습니다. 영국의 점잖은 진행자가 외칩니다. 전쟁 중이던 한국에서 자랐고, 12세에 미국에 온 바이올리니스트가 그 말에 싱그럽게 웃자 재차 강조합니다. "아니, 이건 정말이라고요!"

출연자는 바이올리니스트 정경화입니다. 놀라운 연주와 경력으로 대한민국의 대표 음악가가 된 정경화의 비밀은 무엇일까요?

정경화의 음악에는 뜨거운 불이 있습니다. 완전히 몰입한 경지에서만 나오는 독특한 소리가 들립니다. 이번 음악 분석에는 바이올리니스트의 도움을 받았습니다. 정경화의 뜨거움에 반해서 30년째 열성 팬인, 정상급 바이올리니스트 김재영(노부스 콰르텟 리더)이 함께합니다. 이제 정경화의 뜨거움을 체험해 보겠습니다.

잠시 1970년 5월 13일 런던으로 가보겠습니다. 공연은 오늘 저녁. 지금은 오후 3시. 오케스트라와 바이올리니스트의 연습이 예정돼 있습니다. 공연이 불과 몇 시간밖에 안 남았지만, 이날이 첫 연습입니다. 오늘의 바이올리니스트가 '대타'이기 때문입니다. 원래 공연하기로 했던 유명한 바이올리니스트(이츠하크 펄만)는 아내가 아이를 낳는다는 소식에 공연을 취소하고 집으로 가버렸습니다.

비쩍 마른 22세의 한국인 바이올리니스트가 연습하러 도착했습니다. 스타 지휘자도 왔고요. 그런데 오케스트라는? 단원 중 3분의 1만 자리를 지키고 있었습니다. 나머지는 연습 시간을 잘못 알고 공연장에 못 왔답니다. 난감해하던 지휘자는 바이올리니스트를 슬쩍 쳐다봅니다. 작은 체구에 날카로운 눈매. 오늘 처음 만났는데, 연주를 잘할지 미심쩍습니다. 지휘자는 친절하게 말합니다. "오늘 공연은 취소하자. 다른 날짜를 잡아줄게. 너의 유럽 데뷔 무대인데 이렇게 제대로 연습도 못 하고 무대에 올라가는 건 불공평해."

아뇨, 공연은 그대로 진행했습니다. 그리고 세계적인 스타가 이날 탄생했습니다. 그 사람이 바로 바이올리니스트 정경화입니다. 어떻게 된 일일까요? 분명한 것은 작고 낯선 바이올리니스트가 이날 차이콥스키 협주곡으로 런던을, 그리고 유럽을 사로잡았다는 겁니다.

아마도 별 기대 없이 왔을 런던의 청중은 작고 깡마른 이 바이올리니스트에게 홀딱 반했습니다. 이날 이후 정경화의 인기는 마치 팝콘이 튀겨지듯 치솟아 올랐습니다. 이날로부터 2주 동안에 2년치 유럽 공연이 잡혔고요, 영국에서만 30회 공연을 계약했습니다. 빈·베를린·파리·도쿄·텔아비브까지 그야말로 난리가 났습니다. 전 세계의 화려한 무대가 그를 모시기 위해 줄을 섰고, 연주는 한 해 120회에 달했습니다. 생각해 보세요, 사흘에 한 번 전 세계를 돌며 무대에 섰던 겁니다. 다시 나오기 힘든 경력이고, 기록입니다.

도대체 어떤 음악이고 어떤 소리였기에 이런 난리가 났을까요? 그 소리는 어떻게 만들어진 걸까요? 무엇보다 지휘자가 취소하자고 했던 공연은 어떻게 그대로 열린 걸까요?

더 클래식

런던 공연의 실황 음원은 지금 남아 있지 않지만, 바로 뒤이어 같은 해에 녹음한 음원은 남아 있습니다. 그때의 오케스트라와 지휘자가 등장하는 연주곡입니다. 그중에서 이 부분을 들어보세요. 정경화 특유의 찌르고 솟아오르는 소리입니다. 정경화가 런던을 들쑤시는 바로 그 장면입니다.

(4분 56초부터)

차이콥스키, 바이올린 협주곡
바이올린: 정경화

그날 공연을 취소하자던 지휘자에게 정경화는 이렇게 말했습니다.

"오케스트라도 이 곡을 잘 알고, 당신도 그렇죠. 나도 그래요!"

이렇게 팽팽하게 '벼려져 있는' 바이올리니스트가 공연을 취소할 리 없죠. 미심쩍어하던 지휘자 앙드레 프레빈은 5개월 후에 정경화와 10회 공연을 하기로 계약하게 됩니다. 메가 히트죠.

유연하게 접근해 예리하게 찌른다

그렇다면 정경화 음악의 요체는 뭘까요. 바이올리니스트 김재영은 "정경화야말로 자신을 모두 불태워 소리를 내는 연주자다. 이런 에너

지는 어디에도 없다"고 했습니다. 실제로 정경화의 음악에는 주체할
수 없는 사랑과 에너지가 넘쳐 흐릅니다. 머뭇거리지 않고 열정을 헌
신적으로 연소시킵니다. 소리는 앙칼지고, 리듬은 급박해지죠.

특히 다음 음악에는 정경화만이 구사하는 독특한 리듬이 나오
는데요. 브람스의 협주곡 3악장입니다. 정경화는 시작 부분 첫마디
의 16분음표 3개를 한 덩어리처럼 몰아붙여 연주하곤 합니다. 젊은
시절에도 그랬고, 최근 연주에서도 마찬가지입니다. 불같이 타오르
고 물러서지 않는 정경화식 독특한 리듬입니다. 한 세대 위인 다비
드 오이스트라흐와 연달아 비교해 들어보세요. '불같은 성미 vs. 단
단한 표현'입니다.

(**31분 15초부터**)

브람스, 바이올린 협주곡
바이올린: 정경화

브람스 바이올린 협주곡 3악장의 첫 부분.
빨간 원 안이 정경화가 급하게 붙여서 연주하는 부분.

(처음부터)

브람스, 바이올린 협주곡

바이올린: 다비드 오이스트라흐

바이올린 연주자 눈에는 기법이 더 잘 보이겠죠. 어떤 것들이 정경화 특유의 소리를 만들까요? 김재영은 음과 음 사이를 훑어 오르내리는 주법인 글리산도(glissando)와 시프팅(shifting)을 콕 집어 지목했습니다. "정확한 그 음이 아니라 약간 낮거나 높은 음을 걸치고 연주한다. '땅'이 아니라 '따앙' 하는 것처럼 들리는 매력적인 시그니처가 있다."

도대체 어떤 소리인지 궁금하시죠? 많은 연주에서 그 예를 찾을 수 있는데요. 다음 곡의 맨 처음부터 나옵니다. 프리츠 크라이슬러의 'La Gitana', 집시입니다.

(처음부터)

크라이슬러, '집시'

바이올린: 정경화

엘가의 협주곡 1악장에서도 목표하는 음으로 가기 위해 그 아래 음을 '걸고' 올라가는 것을 들을 수 있습니다.

(3분 35초부터)
엘가, 바이올린 협주곡
바이올린: 정경화

이처럼 하나의 음을 정확하고 무뚝뚝하게 무찌르는 게 아니고, 유연하게 다가가 예리하게 찔러 올리는 것이 정경화식 소리입니다. 그래서 어떤 평론가는 정경화의 연주가 "동양화처럼 여백을 이용해 미를 만들어낸다"고 했습니다. 정경화 자신도 1989년 인터뷰에서 그렇게 말했죠. "서양의 소리가 윤택하고 너무 표현적인 면에 치우쳐 있는 데 반해, 내 연주는 섬세하고 절제력이 있다는 평가를 받는다. 동양적인 신비감이 반영된 소리라는 말도 듣는다." 어떤가요. 동양의 아름다움이 녹아 있다는 의견에 동의하시나요?

움직임에서 나오는 독특한 감각

또 정경화는 당시로서는 드물게 몸을 많이 움직이는 연주자였습니다. 그때의 인터뷰를 보면 '왜 그렇게 독특하게 몸을 움직이는지'에 대한 질문이 많습니다. 그럼 정경화는 이렇게 대답하죠. "아, 미리 계획해서 몸을 움직이는 건지 물으시는 거죠? 아니에요. 자연스럽게 하게 됩니다." 김재영은 이 움직임이 음악에 독특한 스윙 감각을 가져온다고 봅니다. "몸을 많이 움직이면서 오른손으로 활을 뽑아 낸다. 활을 평면적으로 내려버리는 연주와는 달리 정경화의 소리는 끝부분이 입체적으로 살아난다." 다음 영상에서 볼 수 있습니다.

(11분 51초부터)
바르토크, 바이올린 협주곡 2번
바이올린: 정경화

이게 전부는 아닙니다. 왼손의 손금이 한쪽으로 쏠려버릴 정 도로 혹독하고 길었던 연습 시간, 타고난 천재적 음악 재능을 빼놓 을 수 없습니다. "내가 곧 한국이라고 느꼈다"는 독한 사명감도 더 해졌습니다. 1970년대의 인터뷰를 보면 신기합니다. 점잖은 영국 진행자가 "꼭 B급 영화 스토리처럼 데뷔했다"고 하는가 하면, 또 다 른 진행자는 "당신이 지금 세계에서 가장 유명한 한국인이잖아요!" 라고 외칩니다. 모두 1970년 '런던 침공' 이후 일어난 일입니다. 많 은 분이 스타 탄생의 기점을 1967년 뉴욕의 레벤트리트 국제 콩쿠 르로 알고 있지만, 그렇지 않습니다. 정경화는 이후 인터뷰에서 "사 실 69년까지 달력을 보며 그럴듯한 연주가 없다고 생각했다"고 했 거든요. 콩쿠르 우승 때문이 아니라, 실전에서 활을 긋고 진짜 스타의 반열에 올라섰습니다.

지금까지 정경화가 런던에서 솟아오른 그날, 그 장면에 집중해서 설명드렸습니다. 그 후 정경화의 음악은 많은 변화를 거쳤습니다. 스트라디바리우스에 두 대의 과르네리를 추가하며 소리와 스타일도 바뀌었고요. 무엇보다 2005년 손가락 부상 이후 5년의 공백을 거친 뒤엔 많은 것을 내려놓고 돌아왔습니다. 이제 그는 인생이 보이는 음악을 합니다. 김재영은 2023년 11월의 공연 중 한 장면을 기억합니다.

"쇼팽의 녹턴 20번 첫 음을 길게 그으시는 순간 많은 사람이 이유도 모르고 울었어요. 인생을 보는 것 같았죠. 그때 생각했어요. 음악회 청중이 되는 것은 그 연주자의 인생을 사서 보는 일일 거라고요."

많이들 울었던 정경화의 쇼팽을 1987년 나왔던 전설적 음반 《콘 아모레》에서 골라 들어보겠습니다.

(처음부터)

쇼팽, 녹턴 20번
바이올린: 정경화

정경화의 결정적 순간

9세	서울에서 데뷔
19세	레벤트리트 콩쿠르 우승
22세	런던 데뷔
22세	첫 녹음(차이콥스키·시벨리우스 협주곡)
23세	빈·베를린 데뷔
40세	EMI 전속 계약
41세·46세	그라모폰상 수상
57세	손 부상으로 휴식
62세	무대 복귀(브람스 협주곡)
68세	바흐 무반주 전곡 녹음
69세	그라모폰지 '명예의 전당' 등재

악보 못 읽는데
부모가 기특해 한 까닭

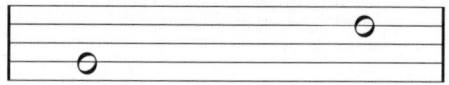

정경화의 첫 악기는 피아노였다. 네 살 무렵이었고, 끔찍하게 지루했다고 했다. 왼손과 오른손을 동시에 사용하는 것도, 한자리에 꼼짝없이 앉아있어야 하는 것도 고통스러웠다. "5분마다 물을 마시고, 10분마다 화장실에 갔다." 무엇보다 건반의 딱딱함이 싫었다고 한다.

하지만 그는 짧은 시간 안에 피아노 악보책 한 권을 다 뗐다. 뿌듯해진 선생님이 부모님을 불러 그 앞에서 연주를 시켰다. 악보 한 곳을 펼쳐놓고 "자, 이제 연주해 보자"라고 했는데 정경화는 연주를 시작하지도 못했다. 선생님과 할 때는 분명히 마스터한 부분이었는데도…. 어린 정경화는 그제야 고백했다. 사실은 악보도 볼 줄 모르고, 선생님이 치는 걸 다 외워서 따라쳤을 뿐이라고 털어놨다. 선생님은 당황했는데 부모는 기뻐했다. 악보도 모르면서 귀로 듣고 복사할 수 있는 비범한 음악적 재능과 비상한 머리를 발견했기 때문이다.

바이올린은 여섯 살 반에 잡자마자 전기가 통했다. 정경화는 집 안의 복도를 자유롭게 걸어 다니며 연습했다. 딱딱한 건반 대신 유연하게 넘실대는 현과 활에 빠져들었다. 정경화는 "바이올린이야말로 사람처럼 노래할 수 있는 악기라 좋았다"고 했다. 9세에 서울시립교향악단과 협연하며 데뷔했고, 12세에 미국 줄리아드 음대의 예비학교에 입학하게 된다. 야샤 하이페츠, 다비드 오이스트라흐의 협주곡 음반을 틀어 놓고 거기에 맞춰 연습하고는 했다. 정경화는 "'이들과 똑같이 연주할 수 있게 되는 날 진정한 바이올리니스트가 되겠구나'라고 생각했다"고 털어놓은 적이 있다. 그는 정말로 전설의 반열에 오른 바이올리니스트가 됐다.

정명훈
소리를 채굴하는 지휘자

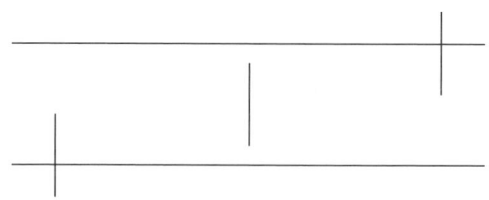

'세계적인 지휘자' '한국 최초의 지휘자'.

우리는 어쩌면 이런 표현에 너무 길들여졌는지도 모르겠습니다. 정명훈의 이름 앞에 늘 따라붙는 수식어지요. 1984년에 베를린 필, 로열 콘세르트헤보 오케스트라, 뉴욕 필, 1993년에 시카고 심포니를 지휘했으니 그럴 만도 합니다.

하지만 수식어를 떼면, 정명훈은 어떤 지휘자인가요? 그의 음악은 무엇이 다른가요?

결론부터 말하면 정명훈은 '소리에 매달리는 지휘자'입니다. 소리 말고 나머지는 종종 과감히 버리기도 합니다. 이게 무슨 이야기냐고요. 정명훈 스타일 분석에는 지휘자 김광현이 함께합니다.

김광현은 경기필하모닉(부지휘자), 원주시향(음악감독)을 거친, 현재진행형 지휘자입니다. 최근 현장에서 가장 활발히 활동하는 그와 함께 정명훈의 스타일을 하나하나 파헤쳐 보겠습니다.

좀 안 맞아도 괜찮아

"베토벤 교향곡 9번 4악장의 시작 부분을 꼭 보세요."

김광현은 지휘자들의 스타일을 이 부분에서 나눌 수 있다고 했습니다. 정명훈의 지휘를 먼저 보겠습니다.

(40분 49초부터)

베토벤, 교향곡 9번 '합창'
지휘: 정명훈

김광현은 이 부분을 들려주고 "어딘가 이상하죠?"라고 묻습니다.

눈치채셨나요? 입으로 부는 악기들과, 손으로 두드리는 악기

팀파니가 한꺼번에 '빵~' 하고 첫 음을 내야 하는데요, 동시에 소리

를 내지 못하는 걸 느끼셨나요? 팀파니 소리가 한참 먼저 들리네요.

왜 그럴까요? 악보를 좀 보겠습니다.

베토벤 9번 4악장 시작 부분의 일부.
1, 2박이 없고 3박에서 시작해 한번에 맞추기가 힘들다.

딱 맞추기가 어려울 수밖에 없습니다. 4분의 3박자인데 맨 처음 마디에 보면 3박 중 두 박이 없고, 마지막 박의 음표(4분음표)로 시작하죠. "여기서 지휘자의 선택지는 둘입니다."(김광현)

우선 온전한 3박을 다 저어주면서 오케스트라가 마지막 박에 딱 맞춰서 들어올 수 있도록 하는 겁니다. 예를 들면 다음과 같은 지휘 스타일입니다. 다니엘 바렌보임이 예비박을 주는 지휘를 한번 보실까요?

47분 10초부터

베토벤, 교향곡 9번 '합창'
지휘: 다니엘 바렌보임

지휘자가 '하나, 둘' 할 때 준비하고 '셋'에 다같이 연주를 시작하면 되는 겁니다.

하지만 정명훈은 큰 예비박 하나만 주고 시작하는 '기습 지휘'를 선택했습니다. 질문은 이겁니다. 정명훈은 왜 '하나, 둘'을 본인이 친절하게 세지 않고 단원들에게 맡긴 채 시작할까요? 특히 트럼펫 같은 금관악기들은 숨을 준비할 시간이 필요하니 너무 힘들죠. 이렇게 전열이 흐트러질 위험을 감수하면서도 정명훈이 얻으려는 것은 무엇일까요?

바로 소리의 캐릭터입니다. 정명훈의 베토벤 9번 4악장은 성급한 소리로 시작합니다. 금관악기 소리도 찢어지는 듯 들리게 됩니다. 정명훈이 해석한 음악의 성격에는 이런 소리가 맞는 거죠. 이 첫 소절은 흔히 '공포의 팡파르'라고 불립니다. 앞서 세 개 악장에서 쌓아 올렸던 것들을 한순간에 부정합니다. 불완전하게 내뿜는 팡파르가 어울리지 않나요?

원하는 소리를 내기 위해 어떤 것들은 과감히 버리기도 합니다. '사운드 홀릭'이란 표현이 걸맞은 지휘자죠. 차이콥스키 교향곡 6번 '비창' 1악장에서도 정명훈이 추구하는 소리를 들을 수 있습니다. 그 조용한 피아니시시시시시모(ppppppp) 후에 난데없이 요란해지는 부분입니다. 먼저 예프게니 므라빈스키의 지휘로 들어보겠습니다. '목숨을 건 듯 강렬한 해석'으로 꼽히는 연주입니다.

(9분 22초부터)
차이콥스키, 교향곡 6번 '비창'
지휘: 예프게니 므라빈스키

이번에는 정명훈의 지휘입니다.

(9분 55초부터)
차이콥스키, 교향곡 6번 '비창'
지휘: 정명훈

일단 속도가 느린데요, 그래서 즉각적인 놀라움을 부르지는 못합니다. 하지만 속도보다 중요한 것은 무게가 잔뜩 실린다는 점입니다. 짧은 16분음표 하나까지도 묵직합니다. 특히 바이올린·비올라의 현악기 사운드를 들어 보세요. "이런 소리를 내기 위해서는 연습 단계부터 현악기들이 활을 더 깊고 무겁게 연주하도록 지시해야 합니다."(김광현)

맨 첫 음만, 다시, 계속!

정명훈이 원하는 소리는 대부분 무겁고 깊습니다. 낮은 음에 무게중심이 실리도록 설계하는 대표적 지휘자입니다. 특히 현악기들에 요구하는 소리는 아주 특별합니다.

지휘자 김광현이 직접 겪은 이야기도 있습니다. 20년 전쯤 정명훈에게 공개 지휘 레슨을 받았다고 하네요. 연주곡은 드보르자크 교향곡 8번 2악장. 바이올린·비올라·첼로가 느린 메조 피아노(조금 작게)로, 그러나 풍성하게 시작하는 음악이죠. 처음 만나는 지휘자이니 당연히 현악기 소리가 제대로 안 났겠죠. 그랬더니 지켜보던 정명훈이 지휘대로 올라왔다고 합니다.

"정명훈 지휘자가 현악기 연주자들에게 맨 첫 음만 연주하도록 시키는 거예요. 소리는 풍성하지 않았어요. 그랬더니 또 그 한 음만 소리를 내라고 지시했어요. '본인이 생각하는 가장 좋은 소리를 내세요'라면서요. '다시 한번' 또 '다시 한번', 그리고 '서로 들으세요' 하고 또 '다시 한번'. 계속 이렇게 이야기했습니다. 그때마다 소리가 깊어졌죠. 제가 지휘대에 다시 올라갔을 때, 소리는 완전히 달라져 있었습니다."

2012년 북한의 은하수 오케스트라를 지휘했을 때도 이런 '한 음'의 연습법이 나왔다고 합니다. 음 하나만 골라서 10여 분 동안 한 음만 소리 내도록 했다는 거죠. '더 둥글게' '더 깊게' 같은 지시를 하면서요. 지휘자가 생각하는 소리를 알게 된 악단의 사운드는 달라져 있었다고 합니다. 당시 동행했던 한 스태프의 전언입니다.

얻고자 하는 소리를 '채굴'해 가는 지휘는 결국 이렇게 됩니다. 차이콥스키 '비창' 1악장의 클라이맥스입니다.

(13분 22초부터)
차이콥스키, 교향곡 6번 '비창'
지휘: 정명훈

더 클래식

현악기들의 소리가 특별히 깊죠. 이런 정명훈 사운드는 어쩌면 그의 태생과 관련이 있습니다. 그 이유는 몇 페이지 뒤에서 확인해 보세요.

정명훈의 지휘는 밝은 곡보다 어두운 음악, 아기자기한 곡보다는 굵은 선이 있는 음악에 어울립니다. 베토벤의 후기 작품들, 브람스, 차이콥스키, 드보르자크 등입니다.

해외의 리뷰에서도 구조적 훌륭함보다는 소리를 칭찬하는 경우가 많습니다. '크리미'하고 '부드럽고 평화롭다'고 말입니다. 정명훈의 해석에 동의하지 않더라도 소리를 거부하기는 힘듭니다. 2015년의 음반 말러 교향곡 9번(서울시향)에 대해 '말러의 속도보다 빨랐다'거나 '추진력이 부족하다'는 비평이 나오기도 했습니다. 하지만 이때도 깊고 풍부한 느린 악장(4악장)의 소리만큼은 동의할 수밖에 없습니다. '매우 아름다운 현악기 연주의 24분'이라는 평이 눈에 띕니다. 말러 9번 4악장은 정명훈식 사운드가 가장 잘 들리는 곡입니다. 보다 산뜻한 편인 지휘자 클라우디오 아바도의 상반된 해석과 비교해서 들어보세요. 시작 부분 조금만 들어도 당장 알 수 있습니다. 특히 처음 나오는 긴 음에 각각 얼마만큼의 무게를 싣는지 비교해 보세요.

(처음부터)

말러, 교향곡 9번

지휘: 정명훈

(54분 2초부터)

말러, 교향곡 9번

지휘: 클라우디오 아바도

이런 이유에서 정명훈은 악단과 오랜 시간 동안 호흡을 맞춰야 하는 지휘자입니다. 음표 하나의 소리도 오랜 시간 뽑아내야 하니까요. 김광현은 "지휘자는 언제나 선택의 순간을 만난다. 그때마다 정명훈은 그 곡에 맞는 사운드의 감동을 구현해 내는 지휘자"라고 결론을 내렸습니다. 이제부터 정명훈을 비롯한 지휘자들의 뒷모습을 바라보면서 그들이 어떤 선택을 내렸는지 찾아보면 어떨까요.

지휘자 정명훈의 기록

1953년	출생(서울)
1974년	차이콥스키 콩쿠르 2위(피아노)
1979~1981년	LA 필하모닉 부지휘자
1984~1990년	자르브뤼켄 방송교향악단 상임 지휘자
1987~1992년	피렌체 시립극장 수석 객원 지휘자
1989~1994년	파리 바스티유 오페라 음악감독
1997~2005년	로마 산타 체칠리아 오케스트라 수석 지휘자
2001년~	파리 라디오 프랑스 필하모닉 음악감독
2000~2015년	도쿄 필하모닉 특별예술고문
2005~2015년	서울시립교향악단 예술감독
2012년~	드레스덴 슈타츠카펠레 수석 객원 지휘자
2015년~	라디오 프랑스 오케스트라 명예 음악감독
2016년~	도쿄 필하모닉 명예 음악감독
2022년~	KBS교향악단 계관 지휘자
2023년~	밀라노 라스칼라 필하모닉 명예 음악감독
2023년~	부산오페라하우스 초대 예술감독

완벽주의 누나의 흔적이 있는
정명훈 사운드

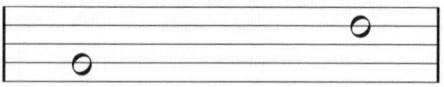

"솔직히 나는 피아니스트보다 바이올리니스트에 더 까다롭다. 웬만해서는 성에 차지 않는다." 정명훈은 예전 인터뷰에서 이렇게 말한 적이 있다. 그 이유는 "엄청난 재능을 가졌던 누이들 때문"이라고 했다. 잘 알려진 대로 첼리스트 정명화와 바이올리니스트 정경화가 그의 누이다.

현악기의 소리에 대한 정명훈의 특별한 감각은 누이들의 재능과 떼어놓을 수 없다. 특히 정경화는 연주가 마음에 안 들면 대기실 벽에 머리를 쿵쿵 쳐댔을 정도로 전설적인 완벽주의자다. 피아노를 치던 정명훈은 누나들과 함께 1969년 백악관 연주로 '정트리오' 활동을 시작했다. 정트리오의 1982년 뉴욕 카네기 홀 연주에 대해 뉴욕타임스는 "거의 이상에 가까운 조화"라는 기록을 남겼다. 정명훈이 누나들의 정상급 현악기 사운드와 함께 연주하던 시절은 지휘를 시작한 때와 일치한다.

이들의 스토리는 서울 명동에서 출발한다. 부모가 명동의 '고려정'이라는 불고기와 냉면 음식점을 경영했는데 7남매 모두가 음악을 했다. 1961년 시애틀로 온 가족이 이민을 갔고, 정명화·경화 자매는 줄리아드 음대가 있는 뉴욕으로 먼저 옮겨갔다. 정경화가 레벤트리트 콩쿠르(67년), 정명화가 제네바 콩쿠르(71년), 정명훈이 차이콥스키 콩쿠르(74년)에서 우승 또는 입상하면서 이들의 신화가 시작됐다. 정명훈은 7세에 서울에서 피아니스트로 무대에 서긴 했지만, 14세까지는 음악가가 될 생각이 없었다. "부모님 햄버거 가게에서 요리를 열심히 도와주고, 식당 한쪽의 피아노를 재미있게 쳤을 뿐"이라고 했다. 14세에 세계적 지휘자 주빈 메타를 찾아가 쇼팽 스케르초 2번을 연주하고 칭찬을 받았다. 그제야 그는 음악가가 되기로 결심한다. 미국 매네스, 줄리아드 음대에서 정명훈은 연습실에 가장 먼저 들어가 가장 늦게 나오는 학생으로도 유명했다.

진은숙
아, 이 소리는 뭐지?

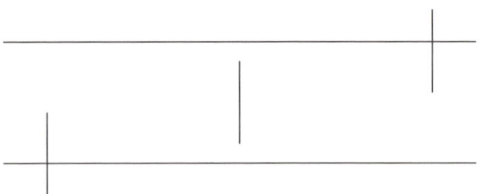

퀴즈로 시작해 보겠습니다. 다음 중 작곡가 진은숙에 관한 설명이 아닌 것을 골라 보세요.

① 시사평론가 진중권의 누나다.

② 전 세계에서 이틀에 한 번꼴로 작품이 연주된다.

③ 2024년 1월 상금 약 3억 6000만 원의 작곡상을 받았다.

④ 베를린 필이 진은숙만의 작품을 모아 앨범을 냈다.

⑤ 한국의 정서로 이름을 알린 세계적 작곡가다.

한때는 진은숙을 설명할 때면 늘 동생인 진중권 전 동양대 교수의 이름이 거론됐죠. 그들은 경기도 파주의 개척교회 목사였던 아버지 밑에서 함께 자랐습니다. 2번도 참입니다. 음악 출판사(부시 앤 호크스)에 따르면 2023년 그의 작품은 전 세계에서 151회, 약 2.4일마다 한 번씩 연주됐습니다. 상금 25만 유로의 에른스트 폰 지멘스 상 수상, 베를린 필의 음반 2장 발매도 사실입니다. 베를린 필이 현대음악 작곡가의 이름으로 음반을 낸 것은 역사상 두 번째라고 합니다.

5번은 마치 맞는 내용 같지만 아닙니다. 진은숙은 '자, 변방의 나라에서 온 여성 작곡가의 작품을 들어 보자'와 같은 뻔한 기대를 무참히 무너뜨리면서 명성을 쌓아왔습니다. 1985년 스물네 살부터 독일에 살고 있는 그는 한국적·동양적인 음악에 매달리지 않습니다. 스승의 스승인 윤이상(1917~95) 작곡가와는 달리, 한국에서도 한국 음악(국악)을 들으며 성장하지 않았죠. 진은숙은 한국·동양에 대한 상투적 이미지에 거부감을 가집니다.

그럼 진은숙의 작품은 왜 인기가 많을까요. 어떤 점이 그 음악의 매력이며, 왜 베를린·뉴욕·LA·런던 같은 곳에서 그에게 새 작품을 위촉하고, 자꾸만 연주하는 걸까요.

결론부터 말하면 '처음 들어보는 소리' 때문입니다. 진은숙은 독자적 판타지를 위해 수없이 다양한 소리를 만들어냅니다. 피아노·바이올린 같은 악기에서 새로운 소리가 납니다. 또 신용카드로 피아노를 긁고, 타악기 주자에게 부엌 쓰레기통을 쥐여줍니다. 이제 세상에 없었던 진은숙 사운드를 탐험해 보겠습니다. 손민경 하버드대 음악학 박사 후 연구원의 도움을 받았습니다.

환상적 사운드 조각들

오케스트라와 바이올린이 함께하는 협주곡입니다. 시작 부분에서 '어, 이상하다?' 하면서 어디서 나는지 찾게 되는 소리가 있을 겁니다. 고요히 퍼지는 이 소리를 한번 들어 보세요. 마치 요가 수업에서 들려오는 사운드 같은, 명상적이고 정적인 소리입니다. 도대체 어떤 악기가 이런 웅얼대는 소리를 내는 건지 오케스트라 내부를 두리번거리게 됩니다.

진은숙, 바이올린 협주곡 1번
바이올린: 비비아네 하그너

영상에서 들리는 스틸 드럼 사운드의 악보 표기.

가운데가 움푹 패어 있어 소리가 은은히 울리는 스틸 드럼의 소리입니다. 오랫동안 진은숙을 연구한 이희경 음악학자는 "현대음악에서도 흔치 않은 스틸 드럼의 사용에 주목하라"고 했습니다. 진은숙이 인도네시아 악기인 가믈란의 기억, 즉 "귀가 아닌 배로 들리는 듯했던 경험"에서 영감을 얻었던 흔적입니다. 그러나 그 악기에 대한 모방은 아닙니다. 이전의 비슷한 사례를 찾을 수 없는, 새로운 음향을 스틸 드럼이 선사합니다.

그런데 이 작품에는 이런 타악기가 무려 23종류 나옵니다. 글로켄슈필, 비브라폰, 실로폰, 마림바폰, 슈타인슈필, 카우벨… 이희경은 이렇게 새로운 타악기가 많이 쓰이는 데 대해 "상투적이지 않은 방법으로 음색의 가능성을 최대한 활용하기 위함"이라고 설명합니다. 붕 뜬 듯 시작한 그 음향은 뒤에서 수많은 변화를 겪으며 상상할 수 없었던 색깔을 보여줍니다.

'무지개' 또는 '프리즘'에 비유되고, 음색이 폭발하는 진은숙의 작품에선 타악기가 중요합니다. 오페라 〈이상한 나라의 앨리스〉 (2007년)에는 타악기 40여 종이 필요합니다. '부엌 쓰레기통'과 '사이렌' '유리 음료수 병'도 타악기 목록에 있습니다. 앨리스가 위협적인 공작 부인의 집에 들어간 장면을 볼까요. 공작 부인이 아이를 꼬집고 때리는 기괴한 노래에서 쓰레기통 두드리는 소리가 짧고 강렬하게 나옵니다.

그런데 더욱 신기한 것은 전통적인 악기로도 생전 처음 듣는 소리들을 만들어낸다는 겁니다. 첼로 협주곡 3악장의 시작 부분을 들어 보세요.

(처음부터)

진은숙, 첼로 협주곡
지휘: 정명훈 / 첼로: 알반 게르하르트

이건 새로운 악기가 아니고요. 더블베이스 10대, 첼로 12대, 플루트, 클라리넷의 소리입니다. 화음의 진행마저 무척 단순합니다. 그런데 미세한 떨림과 타이밍으로 새로운 소리가 됩니다. 음악학자

고르돈 캄페는 "이전에는 들어보지 못한 무중력 음향"이라고 표현했습니다. 또 "새로운 가상의 악기가 만들어졌다"고 했는데, 이 부분에 딱 맞는 말이라고 생각합니다.

피아노에서도 새로운 소리를 상상하고 발견합니다. 거리의 노래인 '구갈론'(2011년) 2악장의 제목은 '대머리 여가수의 슬픈 노래'인데요, 전체 악기들이 처량한 노파처럼 노래하는 동안 피아노 줄을 신용카드로 좌좍 긁어야 합니다. 신용카드로 긁어야 나오는 딱 그 소리는 절묘하게 무심한 음향입니다.

(4분 10초부터)
진은숙, '구갈론'
지휘: 던칸 워드

또 있습니다. 음악학자 손민경이 "파핑 캔디가 터지는 것 같다"고 한 이런 순간은 어떠신가요?

(15분 8초부터)
진은숙, 앙상블과 전자음향을 위한 '씨'
지휘: 데이비드 로버트슨

진은숙의 소리는 순수하게 독자적인 판타지에서 나옵니다. 작곡 과정을 보면 더 이해가 됩니다. 피아노를 사용하지 않고, 그러니까 소리를 미리 현실화하지 않고 머릿속에서 끝까지 붙잡으면서 곡을 씁니다. 아직까지 손으로 악보를 하나하나 그리는 드문 작곡가이고요. 기계나 기구를 통하는 대신 꿈과 상상에 의존하는 거죠. 그는 "내 음악은 내 꿈의 반영이다. 나는 모든 꿈에서 보는 거대한 빛과 놀라운 색채의 환상을 사운드 조각으로 만들려고 노력한다"고 했습니다.

동양 작곡가라고?

진은숙이 아시아의 오래된 악기인 '생황'을 꺼내 들었을 때 모두가 "드디어 동양이다!" 하고 소리를 질렀습니다. 하지만 그의 생황 협주곡(2009년)은 동양적 작품이 아닙니다. 손민경은 "이 작품은 악기의 맥락을 부인한다"고 했습니다. 동양적인 음계, 장식음을 쓰지 않고, 소리의 가능성이란 측면에서 이 악기를 본다는 뜻입니다. 혀를 사용해 윙윙거리는 소리를 내고, 연주자의 목·입술·혀를 사용해 다양한 소음을 만드는 식으로요. 제목마저 '동양적이지 않다!'고 선언하듯 이집트의 신화에서 가져온 '슈(Šu)'라고 붙였죠.

그래서 이 작품은 서양이 바라보는 동양의 신비가 담긴 음악이 아닙니다. 바람의 소리, 또 인간의 근원인 '숨'이 보이는 작품입니다. 작곡가가 "숨소리 소음(breath noise)을 들리게 하라"고 지시한 부분을 들어 보세요.

8분 35초부터

진은숙, 생황 협주곡 '슈'

지휘: 정명훈 / 생황: 우웨이

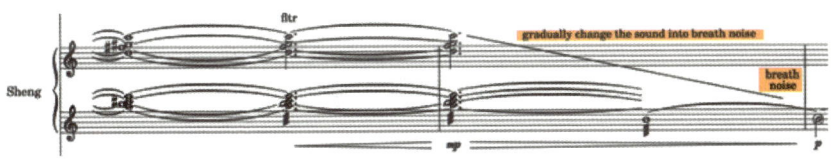

'숨소리 소음으로 점차 변하라'고 된 지시어.
영상에서 연주되는 부분이다.

동양적이라기보다는, 생황의 새로운 가능성에 대한 작품이죠.
독일의 작곡가 에뇨트 슈나이더가 생황을 '동양적'이라는 기존의
이미지에 맞게 쓴 아래의 음악과 비교해 보시면 어떨까요.

작곡: 에뇨트 슈나이더

이렇게 진은숙은 음악의 재료들이 지금까지 사용됐던 관습을 벗겨나가면서 본인만의 판타지와 사유를 드러냅니다. 손민경은 "이중협주곡(2002년)에서도 서구와 비서구, 일상의 모든 타악기를 모아 새로운 사운드를 만든다. 모든 문화적 출처가 혼합되면서 오히려 출처가 모호해진다"고 설명합니다. 음은 그저 음이 되고, 소리가 되는 거죠. "고향을 뒤로하고, 자신의 길을 계속 걸어간다"는 음악학자 폴 그리피스의 진은숙 묘사도 그럴듯하죠?

정체성의 덫 벗어나기

진은숙의 세계는 어떻게 만들어진 걸까요? 먼저 고통스러웠던 시절을 알아야 합니다. 독일에 건너갔던 진은숙은 슬럼프를 겪게 되는데요, 스승인 죄르지 리게티에게 완전히 깨지고 나서입니다. 리게티는 "한국 출신으로 독일에서는 살아보지도 않았던 자네가 어째서 벌써 이곳의 상투적인 현대음악 어법으로 곡을 쓰는 건가!"라며 역정을 냈다고 합니다.

당시 독일 음악계를 열심히 쫓아가려던 진은숙은 3년 동안 아무 음악도 쓰지 못합니다. 그리고 거기에서 한국적이지도 않고 유럽의 실험적 현대음악도 아닌 자신만의 어법을 찾죠. 스스로 "정체성의 덫을 거부한다"고 표현합니다.

그러니 진은숙 작품의 출처는 작곡가 자신 말고는 없습니다. 우리는 새로운 사운드의 향연에 몸을 맡기고, 독자적 환상을 경험해 보면 됩니다.

　마지막으로 베토벤 250주년을 맞아 그의 작품을 이리저리 비틀어 만든 곡('수비토 콘 포르자', 2020년)을 소개합니다. 이 작품에서 특유의 위트까지 만나면 진은숙 음악의 즐거움으로 가는 입구에 들어서신 겁니다. 이 작품 처음의 베토벤 '코리올란' 서곡 화음이 진은숙 방식으로 '팡' 부서지는 사운드가 묘한 쾌감을 줍니다. 2023년에 55회가 연주된, 진은숙의 최신 히트작이랍니다.

（처음부터）
진은숙, '수비토 콘 포르자'
지휘: 클라우스 메켈레

유학생에서 세계적 작곡가로

1961년	출생
1981년	서울대 작곡과 입학
1985년	독일학술교처 장학금으로 함부르크 음대 유학
1988년	베를린 이주
1994년	런던의 부시 앤 호크스 출판사와 독점 계약
2001년	베를린 도이치 심포니 오케스트라 상주 음악가
2004년	바이올린 협주곡으로 그라베마이어상 수상
2005년	첫 독집 음반 출시
2005년	아르놀트 쇤베르크상 수상
2006년	서울시향 상임 작곡가
2010년	'구갈론'으로 모나코 피에르 대공 재단 작곡상 수상
2011년	런던 필하모닉 '오늘의 음악' 예술감독
2012년	호암상 예술상 수상
2015년	BBC 뮤직 매거진상 '프리미어 어워드' 수상
2017년	비후리 시벨리우스 음악상 수상
2019년	엘프 필하모닉 상주 작곡가
2021년	레오니소닝 음악상 수상
2022년	통영국제음악제 예술감독
2024년	에른스트 폰 지멘스 음악상 수상

더 클래식

"삼수에 미달"
그를 지탱한 꿈의 힘

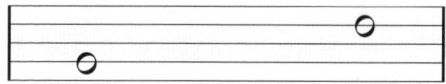

"내 인생 살아온 걸 보면 살얼음판에서 너무 잘 풀린, 진짜 너무 운 좋게 잘 풀린 케이스잖아요. 내가 돈이 있어, 누가 날 도와주는 사람이 있어. 서울대 두 번 떨어지고 진짜 기적같이 세 번째 해에 미달로 들어간 거니까."

음악 비평지 〈오늘의 작곡가 오늘의 작품〉 23호에서 진은숙이 한 말이다. 음악학자 이희경과의 대담이었다. 세 살쯤, 살던 초가집에 들어온 까만 피아노를 보고부터 혼자서 음악을 사랑하게 된 진은숙이었다. 대학교 입학시험에 무엇이 나오는지도 몰랐다가 삼수 끝에 입학했다. 독일에서도 무명 기간이 길었다. "13~14년 동안 내 곡을 거의 연주해 주지 않더라"고 했다.

그런데 그는 이 인터뷰에서 '꿈'을 언급한다. "그런데 내 인생이 그렇게 풀릴 거라는 생각이 있었어요. 그 꿈들이 나한테 그런 확신을 안겨줬어요." 진은숙이 어떤 일에도 망가지지 않고 작곡을 계속한 힘이 '꿈'이라는 뜻이다. '꿈'과 '환상'은 진은숙 음악의 키워드다.

진은숙은 지금도 꿈에 관한 오페라를 쓰고 있다. 2025년 5월 초연 예정이다. 오스트리아의 물리학자인 볼프강 파울리(1900~58)에 관한 이야기를 오페라 스토리로 직접 만든다. 파울리가 칼 구스타프 융과 나눴던 꿈에 대한 해석의 편지가 오페라의 단초다. 우주의 비밀, 과학의 궁극에 다가가도록 과학자를 끌어당기는 꿈의 힘에 대해 그려낸다.

조수미

신이 허락한 '맑음'

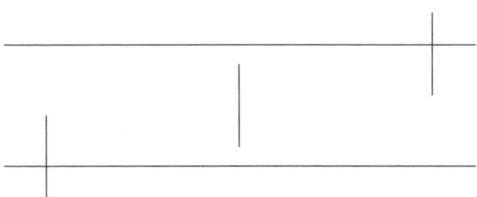

"믿을 수가 없군. 네 노래는 꼭 깨끗한 물 같아."

지휘자 헤르베르트 폰 카라얀이 한 말입니다. 1987년 25세이던 소프라노 조수미가 노래하고 나서죠. 죽음을 두 해 앞둔 카라얀은 앞날을 꿰뚫는 듯한 눈빛으로 조수미를 봅니다. 이 장면은 다큐멘터리로 남아 지금도 볼 수 있습니다.

'깨끗한 물 같다'는 말, 참 정확합니다. 우리는 보통 다음과 같은 표현에 익숙하죠. '신이 내린 목소리' 또는 '100년에 한 번 나오는 음성'. 카라얀이 조수미에게 했다고 전해지는 찬사입니다. 맞는 표현이긴 하지만, 신이 '무엇을' 내렸다는 것인지 궁금해지지 않나요? 그보다는 '깨끗한 물'이라는 표현이 구체적입니다.

이제 조수미를 들으면 왜 그런지 알게 됩니다. 카라얀이 들었던 그 노래, 바로 그 부분을 먼저 들어보겠습니다.

(3분 44초부터)

모차르트, 오페라 〈마술피리〉 중

소프라노: 조수미

왜 하필 물인지, 음악을 들으니 알 수 있죠? 가볍기 때문입니다. 신이 조수미에게 가장 먼저 내린 것은 목소리의 가벼움, 또 밝음일 것 같습니다. 흔히 생각하듯 '높은음을 내는 능력'만이 아니고요.

조수미는 두텁고 굵은 목소리와 거리가 멉니다. 음악학자 고 (故) 이강숙의 1993년 비평을 보겠습니다. '조수미의 목소리는 굵다기보다는 가는 편이다. 가늘고 곱지, 굵고 기름지고 폭이 넓지는 않았다.' 약간의 아쉬움도 보입니다. '소리가 좀 더 굵었더라면 사람의 가슴을 더 울렸을 것 같다.'

사실 오페라 무대에서 거대한 오케스트라 소리를 뚫어야 하는 성악가에게 가볍고 가는 목소리는 약점일 수 있습니다. 그런데도 조수미는 1980년대부터 주요 오페라 극장에서 주역을 도맡으며 경력을 쌓았죠. 카라얀은 세상을 떠나기 직전까지 조수미와 오페라 녹음을 준비했고, 조수미는 밀라노·런던·뉴욕을 비롯해 전 세계에서 내로라하는 지휘자들과 함께했습니다. 어떤 매력 때문일까요?

대포 소리 이기는 맑고 밝음

빼놓을 수 없는 노래를 들어보겠습니다. 청중을 충격에 빠뜨렸던, 조수미의 '밤의 여왕' 두 번째 노래입니다. 특별히 소리가 우람하고 폭이 넓은 성악가와 비교해 보겠습니다. 왜냐하면 이 역할은 그런 소프라노들이 주로 맡아 인정을 받아 왔거든요. 비교도 안 될 정도로 소리가 크고, 고음도 잘 내는 소프라노 에다 모저, 디아나 담라우의 노래와 비교해 들어보세요.

35초부터
모차르트, 오페라 〈마술피리〉 중 '밤의 여왕'
소프라노: 조수미

33초부터
모차르트, 오페라 〈마술피리〉 중 '밤의 여왕'
소프라노: 에다 모저

33초부터
모차르트, 오페라 〈마술피리〉 중 '밤의 여왕'
소프라노: 디아나 담라우

'밤의 여왕'은 여기에서 '엄마의 분노'를 표현해야 합니다. "내 딸아, 복수해라! 그자를 죽여라!" 여기에 어떤 분노가 어울릴까요? 땅이 울리듯 무거운 분노? 신경질적으로 쿡쿡 긁어대는 엄마의 격노? 중요한 점은 이 부분이 스타카토라는 겁니다. 끊어서 부르라며 모차르트가 찍어 놓은 작은 점들을 보면, 조수미의 금속성 가득한 분노가 맞지 않을까 싶습니다.

'밤의 여왕' 두 번째 아리아. 높은 음에 찍혀 있는
스타카토가 소프라노를 난감하게 만든다.

세계적으로 가장 가볍고 날렵한 소프라노인 나탈리 드세이의
'밤의 여왕'과 조수미를 비교해 봐도, 조수미의 칼날이 더 날카롭고
쨍쨍하다는 걸 알 수 있습니다.

(32초부터)

모차르트, 오페라 〈마술피리〉 중 '밤의 여왕'
소프라노: 나탈리 드세이

대포를 쏘듯 풍성한 소리에 맞서서 조수미는 날카로운 무기로
정곡을 찌르며 등장했습니다. 1989~90년에 '밤의 여왕' 녹음만 세
차례, 그것도 서로 다른 음반사에서 했습니다. 여든을 바라보던 거
장 지휘자 게오르그 솔티가 다른 음반사에 간곡한 편지를 쓰고 조
수미를 밤의 여왕으로 '빌려 온' 스토리도 유명하죠.

밝게 말하는 재능

밝은 소리가 재능입니다. 모든 성악가가 자신이 가진 소리에서 출발하죠. 조수미도 그렇습니다. 평소 말하는 목소리에 어두운 면이 없습니다. 굉장히 밝죠. 메조소프라노 이아경은 이렇게 말합니다. "말할 때도 음높이가 높은 편이다. 또 말하는 소리가 납작하지 않고 잘 띄워져 있다." 누구보다 신경질적인데 쨍하게 밝은 밤의 여왕은 바로 이런 소리가 자연스럽게 반영된 결과겠죠.

이처럼 조수미는 말과 노래 사이의 차이가 작은 성악가입니다. 프랑스 지휘자이며 오페라 무대에 자주 서는 아드리앙 페뤼숑은 조수미의 노래 중에 말이 섞여 있는 부분을 주목합니다. "대중음악과 같은 노래, 말로 하는 대사, 그리고 극도로 높이 올라가는 음계, 화려한 불꽃놀이가 한데 있는 노래가 있다. 조수미는 이 서로 다른 것들을 이음새 없이 전환한다." 그 노래는 바로 이겁니다. 레너드 번스타인의 오페레타 〈캔디드〉 중의 노래 '화려하고 즐겁게'입니다.

(3분 15초부터)
번스타인, 오페레타 〈캔디드〉 중 '화려하고 즐겁게'
소프라노: 조수미

노래하는 목소리와 말하는 목소리가 비슷하고 자연스럽게 연결됩니다. 페뤼숑은 "조수미의 색채는 어디에서나 균일하게 유지된다. 낮은음, 중간 음, 높은음 모두에서 자신만의 색채가 나온다"고 설명했습니다. 그렇기 때문에 높은음을 부르는 능력은 조수미를 설명하는 일부에 불과합니다.

고음을 부를 수 있느냐 없느냐가 아니라, 고음에서 어떤 색깔을 내느냐가 중요합니다. 조수미는 뭐니 뭐니 해도 플루트입니다. 가벼운 금빛의 이 악기와 똑 닮은 소리를 냅니다. 조수미가 플루트와 경쟁하는 부분을 들어보시죠. 어느 순간엔 플루트보다 더 플루트 같습니다.

3분 45초부터
다비드, '미조리의 노래'
소프라노: 조수미

'그 높은음에서 무엇을 할 줄 아는가'가 또 다른 관건입니다. 소프라노 임선혜는 "높은음에서 소리를 줄이는 데크레셴도에 주목하라"고 했습니다. 보통은 고음에서 힘을 줘 소리를 지르게 되죠. 그게 더 효과적이고, 어떻게 보면 더 자연스럽습니다. 하지만 조수미의 주특기는 그럴 때 힘을 빼는 겁니다. 소리를 줄이지만 중심은 꽉 채워 높은음을 끌고 갑니다. 어려운 기술이죠. 청중은 집중하고,

성악가의 감정은 절절하게 전해집니다. 다음과 같은 부분입니다.

5분 30초부터
벨리니, 오페라 〈청교도〉 중 '그대의 달콤한 목소리'
소프라노: 조수미

신이 내린 관리력

청중은 신기해하지만, 성악가들은 큰 한숨을 쉬며 듣습니다. 훈련하고 연마한 긴 시간을 신이 내린 재능보다 먼저 보기 때문이죠. 서울대에서 성악을 전공하고 조수미와 함께 공연했던 뮤지컬 배우 카이는 "처음부터 잘 설계된 등산로"라는 비유를 했습니다. "사람들이 많이 걸어 어쩌다 보니 만들어진 길도 있지만, 철저하게 계획하고 매일매일 공사해서 길이 된 곳도 있다. 조수미의 노래는 후자다."

조수미는 정확한 절대음감, 기분 좋도록 가볍게 타고난 소리를 계획적으로 갈고 닦는 성악가입니다. 목을 망칠까 봐 평생 찬물을 마시지 않았고, 감기에 걸릴까 봐 젖는 것을 가장 무서워하며, 뒤풀이 파티에 참석하지 않기로 유명합니다.

무엇보다 조수미의 음성에서 청중은 자유로움을 느낍니다. 어려운 테크닉이 아주 쉽게 해결되기 때문이기도 하지만, 보다 근원적인 자유로움이 느껴집니다. 조수미를 가까운 곳에서 오랫동안 지켜본 이아경은 "스스로 끊임없이 관리하고, 무대는 놀랄 정도로 치밀하게 준비한다. 철저하게 준비돼 있기 때문에 어떤 상황에서도 여유롭게 노래한다"고 했습니다. 그래서 관객도 자유로움을 느끼게 된다는 거죠.

이 밖에도 청중이 무엇을 원하는지 본능적으로 알아채는 쇼맨십, 깊은 감정을 드러내는 데 주저하지 않는 적극성 같은 것들이 지금의 조수미를 만들었습니다. 2000년대부터는 뮤지컬 음악, 가요, 월드컵 응원가까지 용감하게 불러 팬층을 넓혔고요. 예능 프로그램에도 적극적으로 출연합니다. 해외에서 오페라 무대에 주로 섰던 성악가가 이 정도의 대중성을 확보하기는 쉽지 않죠.

1987년 카라얀은 또 이런 말을 했습니다. "너 정말 영리하구나! 정말이야. 센스가 있어!" 신이 그에게 무엇을 내렸는지 아시겠죠? 가볍고 밝은 목소리, 그걸 잘 사용하는 영리함, 마지막으로 노력하는 끈기까지. 신은 가끔 제품에 사용 팁까지 결합해 한꺼번에 주기도 하나 봅니다.

조수미, 데뷔 후 기록들

1981년	서울대 음대 수석 입학
1985~1986년	유럽 7개 콩쿠르 1위
1986년	로마 산타 체칠리아 음악원 우등 졸업
1986년	이탈리아 트리에스테 극장 데뷔
1987년	헤르베르트 폰 카라얀과 만남
1993년	이탈리아 '황금기러기상' 수상
1993년	그래미상 수상
2000년	크로스오버 앨범《Only Love》120만 장 판매
2002년	한일 월드컵 공식 응원가 가창
2008년	푸치니상 수상
2015년	대한민국 명예홍보대사
2016년	아카데미 주제가상 후보
오페라에 출연한 세계 극장	밀라노 라 스칼라, 뉴욕 메트로폴리탄, 런던 코벤트 가든, 빈 국립 오페라, 파리 바스티유, 잘츠부르크 축제 극장 등

더 클래식

'유명짜'했던
입학과 퇴학

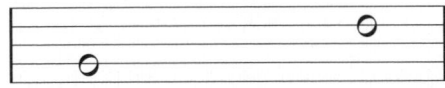

학교에 들어갈 때도, 떠날 때도 대단했다. 선화예고에서 성악을 했던 조수미는 1981년 서울대 음대에 역사상 최고 점수로 수석 입학했다. 하지만 그 유명한 '조수미의 K군' 스토리가 곧 시작된다. 1학년 3월에 음대 식당에서 경영대학생 K군을 마주친다. '자를 대고 그은 듯 선이 분명한 콧날, 상아색 피부. 그 옆모습에 내 시선이 멈춤과 동시에 내 가슴도 멈췄다.'(저서 《조수미의 아름다운 도전》 중에서)

조수미는 쾌활하고 적극적인 성격답게 다가갔고, 열애 끝에 학과 꼴찌를 차지하게 된다. 수업은커녕 시험에도 들어갈 수 없었던 열렬한 사랑이었다. 학점은 수직 낙하했고, 조수미는 학과 52명 중

52등을 하면서 당시 시행 중이던 졸업정원제에 등 떠밀리듯 서울대를 떠나 로마로 향했다. 단돈 300만 원을 들고 급하게 떠난 유학이었다고 한다. K군은 둘의 만남부터 이별까지 스토리를 낭독한 카세트테이프를 유학 선물로 건넸다.

로마의 산타 체칠리아 음악원 입학시험도 떠들썩하게 치렀다. 입학시험 날 반주자가 몸이 아파 오지 않았다. 조수미는 자진해서 학생 60명의 피아노 반주를 맡았다. 조수미는 어려서부터 피아노, 가야금, 그림, 무용을 배웠다. 특히 혹독한 연습 과정을 견뎌야 했다. "네 살부터 이유도 모르고 하루 8시간씩 피아노를 연습하며 어머니를 원망했었는데, 이날 그 연습이 빛을 발했다"고 했다. 그는 지금도 피아노를 유난히 잘 치는 성악가로 꼽힌다. 정확한 음정, 기악적인 기교의 근원을 피아노 실력에서 찾을 수도 있다.

조수미는 산타 체칠리아 음악원을 2년 만에 조기 졸업하고 세계 무대로 튀어나왔다. 그사이 K군은 한국에서 새로운 연애를 시작했다고 한다. 로마로 온 지 4개월 만에 편지로 이별 통보를 받은 조수미는 독한 마음으로 음악을 다져나가기 시작했다. 조수미는 자신의 책을 비롯해 곳곳에서 K군에게 감사를 표하고는 한다. '그와 사랑하면서 나는 인간의 감정이 얼마나 폭발적이고 섬세한지 배웠고, 그와 이별하면서 나는 삶에서 가장 중요한 것이 무엇인지를 배웠다. 그와의 사랑은 내 인생의 스승이었다.'

클라우스 메켈레

1996년생의 만장일치 리더십

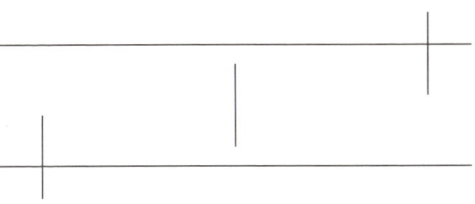

이런 가정을 해보죠. 여러분이 회사의 부서장이나 대표를 투표로 뽑는다고요. 그런데 한 후보의 조건이 '사기'라고 할 정도로 완벽합니다. 똑똑한데 겸손하고, 결정적으로 친절하죠.

이게 끝이 아닙니다. 그는 마치 '제인 오스틴 소설에서 튀어나온 것 같은' 또는 '바비의 남자 친구 켄 같은' 외모입니다(두 비유 모두 해외 유력지를 인용한 것입니다). 여기에 완벽한 핏의 정장을 늘 갖춰 입고요. 여러분이라면 찬성표를 던지시겠습니까?

아, 한 가지만 더요. 후보는 24세입니다. 이제 대학을 갓 졸업한 나이죠. 어떤가요, 여전히 찬성인가요?

콧대 높은 오케스트라의 단원들은 줄줄이 '찬성!'이라고 대답했습니다. 먼저 노르웨이의 오슬로 필하모닉이 2020년, 24세의 이 지휘자를 모셔갑니다. 이어 파리 오케스트라(2021년), 암스테르담·시카고(2027년부터) 오케스트라가 수석 지휘자 또는 음악감독으로 1996년생 이 남자를 스카우트했습니다. 길게는 40~50년씩 오케스트라에서 활동했던 단원들이 무더기로 찬성표를 던졌습니다.

이 사람은 핀란드 태생의 클라우스 메켈레(Mäkelä). 클래식 음악 역사상 가장 **빠른** 속도로 떠오르는 지휘자입니다. 31세가 되면 그는 유럽·미국의 4개 오케스트라를 이끈 경력을 갖추게 됩니다. 이 사람은 도대체 누굴까요? 음악성이 뛰어난데 키가 크고, 잘생기고, 성격까지 좋으면 이렇게 되는 걸까요?

좀 더 결정적인 이유에 대해 알아보겠습니다. 한국을 대표하는 지휘자인 최수열과 함께 메켈레의 음악을 분석했습니다.

가장 궁금한 건 이거죠. 지휘를 도대체 얼마나 잘 하길래? 그런데 최수열은 '그가 하지 않는 것을 봐야 한다'고 설명해 줍니다. 다음 연주를 들어보겠습니다. 베토벤 교향곡 9번 4악장 중 클라이맥스 부분입니다.

(1시간 6분 25초부터)

베토벤, 교향곡 9번
지휘: 클라우스 메켈레

메켈레가 무엇을 하지 않는지 알아채셨나요?

바로 쓸데없는 동작입니다. "젊은 지휘자일수록 어떻게 해서든 많이 보여주려고 한다. 그런데 메켈레는 어린 시절부터 그런 허영심이 없었다. 그래서 더 독특했다." 최수열의 설명입니다.

메켈레의 지휘는 간결하고 과장이 없습니다. 젊은 지휘자일수록 '도대체 거기서 지휘봉이 큰 원을 왜 그리는 거야?' 같은 지적을 받고, 명문 악단에서 배척당하기 일쑤라고 하는데요. 메켈레는 음악에 딱 필요한 만큼, 연주자들을 도와주는 방식으로만 지시한다는 겁니다.

이를테면 같은 부분에서 아래와 같은 지휘가 가능하겠죠. 음악

의 클라이맥스인 만큼 더 고조되고 극적인 감정을 감각적으로 드러
내는 지휘입니다.

| 22분 51초부터 |
베토벤, 교향곡 9번
지휘: 구스타보 두다멜

이 활활 타는 지휘를 보고 다시 메켈레를 살펴볼까요. 냉정할
정도로 침착하지 않나요? 흥분이 고조되는 음악인 데도 속도는 흔
들림이 없습니다. 뉴욕타임스도 메켈레에 대해 '새로운 주장을 펼
치려 애쓰기보다 정직하고 악보에 충실하다'고 평했죠.

'그렇다면 그는 악보에 의존하고, 절도 있게 박자만 젓는 지휘
자인가?' 이런 생각을 할 수도 있습니다. 여기에서 메켈레와 함께
한 경험이 있는 연주자를 소환해 보겠습니다. 오슬로 필하모닉에서
2015~2023년 제2 수석으로 활동했던 호른 연주자 김홍박입니다.

"지휘 동작이 컴퓨터처럼 정확한 지휘자는 아니다." 김홍박은
'기운'과 '흐름'이라는 표현으로 메켈레를 묘사했습니다. "지시가
좋은 기운을 주는데, 그 비트에 맞춰 연주하기가 편하다. 지휘자가
모든 악기의 흐름을 다 파악하고 같이 호흡하기 때문인 것 같다."

김홍박은 메켈레와 함께 호흡을 맞췄던 대표적인 장면으로 다

음 음악을 꼽았습니다. 시작부터 호른 연주자 김홍박의 모습도 볼 수 있습니다.

> **36초부터**
> **말러, 교향곡 3번**
> **지휘: 클라우스 메켈레**

연주를 보면 메켈레는 세세하게 통제하기보다는 흐름을 제시하고 끌고 가며 영감을 주는 지휘자입니다. 지휘자 헤르베르트 블롬슈테트, 고(故) 버나드 하이팅크처럼 자연스러운 리더십 유형으로 분류할 수 있습니다.

인기 만점 리더십

지휘자에게 무엇보다 중요한 건 연습 방법입니다. 메켈레는 오케스트라와 연습할 때도 쓸데없는 것을 빼버리기로 유명합니다. 음정·박자·템포 같은 것을 훈련시키지 않습니다. 김홍박은 "메켈레는 단원들이 이제껏 해온 방식을 존중하고 기분 좋은 에너지를 전하는 지휘자"라고 했습니다. 한마디로 일할 맛 나는 일터를 만들어주는 거죠. 유수의 오케스트라 단원들이 왜 줄줄이 찬성표를 몰아줬는지 알 만하지 않나요?

음악가들은 그의 매력에 빠르게 빠져듭니다. 어떤 오케스트라를 만나든 첫 연주를 한 시점부터 수장으로 선임되기까지 기간이 아주 짧습니다. 오슬로 필하모닉과의 첫 연주는 2018년 5월, 이후 5개월 만에 수석 객원지휘자로 뽑혔습니다. 파리 오케스트라와 첫 만남부터 선임까지는 1년, 암스테르담에서는 1년 9개월밖에 안 걸렸습니다. 한 번만 같이 호흡을 맞춰 보면 저절로 좋아하게 되는 그런 지휘자라는 뜻입니다. 간결한 리더십은 이렇게 힘이 셉니다.

일부 비평가는 '글쎄'

메켈레는 음악 가족에서 태어났습니다. 7세 때 지휘와 운명적으로 만났습니다. 어린이 합창 단원으로 오페라에 출연했다가 지휘자의 모습을 보고 반했다는 거죠. 핀란드의 지휘 대스승인 요르마 파눌라(1930~)에게 12세부터 배웠습니다. 메켈레는 한 인터뷰에서 "스승님은 지휘 테크닉을 일일이 가르치지 않았다"고 말했습니다. 그는 또 "스승님은 지휘를 할 때 무엇이든 더 적게, 더 적게 하도록 가르쳤다"고 했습니다. 군더더기 없는 스타일의 기원을 알 수 있습니다.

물론 신참 지휘자에 대한 의혹의 눈초리도 있습니다. 해외의 일부 리뷰를 보면 지휘는 깔끔하지만, 밋밋하다는 평이 있습니다. 예를 들어 다음과 같은 부분인데요, 관악기가 웅장하게 뻗어나가야 하는데 현악기 소리밖에 안 들리면서 흐릿해졌다는 비판이 있었습니다. 한번 들어보시죠, 정말 그런가요?

6분 58초부터

시벨리우스, 교향곡 3번
지휘: 클라우스 메켈레

또 뉴요커의 앨릭스 로스는 2024년 3월 발간한 앨범(스트라빈스키·드뷔시)에 대해 '너무 무미건조해 절대로 발매되지 말았어야 할 연주'라고 혹평했습니다. 드라마가 없다는 거죠. 또 이런 평도 실렸습니다. "악보에 충실한 건 좋지만 한번 어깨를 붙잡고 흔들며 물어보고 싶다. 그래서 당신 생각은 뭔가요?라고." 자신을 별로 드러내지 않는 담백한 지휘의 함정입니다.

그래도 메켈레는 계속해서 떠오르고 있습니다. 미국에서 가장 부유한 오케스트라인 시카고 심포니는 메켈레가 파리·오슬로와 계약이 끝나는 2027년까지 기다렸다가 음악감독으로 데려가겠다고 최근 발표했죠. 시카고 심포니 음악감독은 누구나 탐내는 자리입니다. 2019년 연봉이 무려 350만 달러(약 48억 원)를 넘었습니다. 미국 최고 수준이죠.

럭셔리한 입도선매를 당한 메켈레는 2024년 4월 초 시카고 무대에 올라 상견례 지휘를 했습니다. 모두가 주목했던 이번 리허설에서 그는 단원들에게 20초 정도로 짧게 인사했다 하죠. 겉치레나 영웅 심리 같은 것과는 거리가 먼 지휘자입니다. 리허설 후 실전 무대에서 시카고 단원들은 이 담백한 리더에게 흠뻑 빠진 듯 온 마음을 다해 연주하는 모습을 보였다고 합니다.

현재 가장 잘나가는 젊은 지휘자 메켈레의 이야기였습니다. 그런데 세상은 참 재미있죠. 눈 깜짝할 사이에 더 어린 지휘자가 등장했습니다. 프랑스 툴루즈의 카피톨 오케스트라는 2000년생 지휘자 타르모 펠토코스키를 음악감독으로 모셨습니다. 올 9월 임기가 시작됩니다. 메켈레보다 네 살 어린 지휘자가 뛰어난 음악성을 자랑하고 있는 겁니다. 누구나 언제까지 최연소 지휘자일 수는 없는 거겠죠? 몹시 세찬 열풍과도 같은 '메켈레 현상'이 냉정한 평가의 순간을 기다리고 있습니다.

슈퍼스타 지휘자, 메켈레

1996년	출생
12세	지휘 시작
22세	스웨덴 라디오 심포니 수석 객원 지휘자
24세	오슬로필 수석 지휘자
25세	파리 오케스트라 음악감독
26세	음반사 데카와 독점계약
31세	암스테르담 RCO 수석 지휘자(예정)
31세	시카고 심포니 음악감독
공연 경력	에든버러 · 루체른 음악제, 빈 무지크페라인 상주 음악가 베를린 필하모닉, 빈 필하모닉(예정) 객원 지휘 잘츠부르크, 베를린, 런던 프롬스, 액상프로방스 음악제 공연

열애도 결별도
관심의 중심

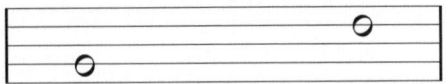

2024년 4월 초, 메켈레가 지휘하는 공연을 앞두고 갑자기 피아니스트 협연자가 변경됐다. 피아니스트 유자 왕이 출연을 취소하고 첼리스트 솔 가베타가 무대에 올랐다. 4월 5일 시카고, 13일 클리블랜드 공연에서 일어난 일이다.

연주자 변경이야 흔한 일이지만, 이번엔 경우가 좀 달랐다. 메켈레와 유자 왕은 공인된 연인 사이였는데 최근 헤어진 것으로 알려졌다. 교제 시절, 이들은 각각 소셜미디어를 통해 함께 시간을 보내는 사진을 올렸다. 부모와 함께 만나는 장면까지 공개하면서 열애 사실을 감추지 않았다. 두 사람은 2023년 서로의 한국 공연에도 동행하면서 공개 연애를 했다.

하지만 흔히 그렇듯 소셜미디어를 통해 결별설이 불거졌다. 어느 날 두 사람은 서로를 '언팔'했고, 실제로 함께 공연하기로 예정됐던 무대마저 취소됐다. 현재 이들은 '공인된' 결별 커플로 통한다.

유자 왕은 메켈레보다 일찍 떠오른 클래식계 스타다. 중국계 미국인이며 뛰어난 테크닉과 스타성으로 전 세계 무대에서 각광을 받고 있다. 아찔한 하이힐과 짧은 치마가 유자 왕의 시그니처다. 미국의 한 인터넷 사이트는 세금 납부 이력을 토대로 유자 왕의 한 해 수입이 2000만 달러(약 275억 원)를 넘을 것으로 추산했다. 1987년생으로, 메켈라보다 아홉 살 많다.

눈부신 10대 음악가들

2022년 이 학생은 주니어 바이올린 대회에 나갈 수 없는 나이였습니다. 아직 한 살이 모자랐죠. 14~17세가 자격 조건이었는데 만 13세였거든요. 주니어 대회가 2년 후에 다시 열리니 그때 출전하면 되겠습니다.

그런데 좀 이상한 선택을 합니다. 같은 대회의 시니어 부문이 바로 다음 해에 열렸는데요, 막바로 거기에 출전 신청을 했습니다. 시니어 부문은 26세 미만이면 참가할 수 있었거든요. 그의 어머니는 이렇게 기억합니다. "대회가 스위스에서 열리니 여행도 하고, 또 언니·오빠들은 어떻게 연주하는지 볼 겸 해서 참가해 봤어요."

자신의 실력을 잘 몰랐던 2008년생 바이올리니스트 김서현은 2023년 이 성인 대회에서 우승해 버립니다. 전 세계에서 149명이

참가한 티보르 버르거 국제대회였습니다. 56년 대회 역사상 당연히 최연소(만 14세) 우승자였습니다.

최근 음악계에서 가장 놀라운 등장이었습니다. 우승 소식도 소식이지만, 그의 연주를 동영상으로 보면 더 놀라게 됩니다. 도대체 어떻게 연주를 했기에 세계 각국의 성인 연주자들을 제치고 우승했을까요? 가장 인상적인 부분을 들어보겠습니다.

(9분 27초부터)
브람스, 바이올린 협주곡
바이올린: 김서현

김서현의 연주를 들어보면 그간 음악 영재의 표준처럼 여겨졌던 '빠르고 정확하게' 이상의 무엇이 있습니다. 음악에 대한 진심이 펄펄 끓어넘친다는 점입니다. 사실 음악의 매력은 이거면 됩니다.

14세가 그리는 악마의 춤

평소에는 조용하고 수줍어 '거의 존재감이 없다'고 할 정도라는 김서현은 무대에만 올라가면 끓는점을 넘습니다. 예를 들어 (당시) 14세의 바이올리니스트가 어떻게 음악으로 '악마' '죽음' 같은 것을 표현할 수 있었을까요? 어떤 경지를 상상하셨다면 다음 연주를 들어

보십시오. 그 상상을 뛰어넘을 겁니다. 오페라 〈파우스트〉에 나오는 악마 메피스토펠레의 그로테스크한 춤을 그린 장면입니다.

(25분 15초부터)
구노, 오페라 〈파우스트〉 중
바이올린: 김서현

한국예술종합학교의 이지혜(바이올린) 교수는 김서현의 연주에 대해 "반짝반짝하는 아이들의 재능 수준이 아니라, 무서울 정도로 무르익은 음악"이라고 말했습니다. 게다가 '어른스럽다'거나 '애어른 같다'는 말로는 요즘 음악 영재들의 성숙함을 표현하기에 충분하지 않습니다. 처음 만나는 음악을 혼자 들여다보고, 거기에서 자신만의 해석을 떠올리는 그런 재능을 발견할 수 있습니다.

두 번째로 소개할 김정아가 딱 그런 재능으로 첼로를 연주합니다. 2011년생이고, 다음 연주는 열 살에 했습니다.

(2분 32초부터)
솔리마, '라 멘타치오'
첼로: 김정아

더 클래식

이건 말하자면, 참고할 만한 어른들의 연주를 찾기 힘든 현대 곡(2012년 작품)입니다. 첼로 연주를 하며 동시에 목소리까지 내야 하는 곡입니다. 아르메니아 대량 학살 피해자에 대한 추모의 뜻이 담겨 있습니다. 김정아의 이 연주를 들으면 '어떻게 이렇게 어른스 럽게 하지'라는 생각이 먼저 듭니다.

하지만 어른들이 연주하는 이 곡은 느낌이 전혀 다릅니다. 김 정아의 어머니는 "아직 어떻게 연주해야 하는지 모르는 상태에서 혼자 느낌을 캐치해 내더라. 어떻게 했는지는 나도 잘 모르겠다"고 했습니다. 어른의 연주를 한번 보고 비교해 볼까요? 김정아는 혼자 생각한 뒤 자신의 나이에서 할 수 있는 표현을 하면서 오히려 독특 한 음악을 만들어냈다는 걸 알 수 있습니다.

(2분 19초부터)
솔리마, '라 멘타치오'
첼로: 나레크 하크나자리안

이제 갓 열 살 넘은 어린이들이 어떻게 이런 깊은 음악을 이해 하고, 소화해서 표현하는 걸까요. 10대 음악가의 어머니들은 한결 같이 "무대 위에서 아이가 돌변한다"고 입을 모았습니다. 평소에는 김서현처럼 과묵하거나 김정아처럼 K팝 좋아하는 활발한 아이가 연주할 때는 무섭게 몰입한다는 겁니다. "원래는 무엇을 하든 허점이 많은 늦둥이 아기인데 연주할 때는 완전히 다른 사람이 된다"는 김정아 어머니의 말도 재미있습니다.

보통 음악 재능은 '음 높이에 대한 정확한 감각' 같은 것과 연관되곤 하죠. 하지만 진짜 재능은 애정, 또 몰입하는 힘일 것입니다. 김정아의 스승인 첼리스트 이강호(한국예술종합학교 음악원장) 또한 "음악에 대한 관심이 재능이다"라고 했습니다. 그는 또 "(김)정아는 연주하고 싶은 곡이 얼마나 많은지 모른다. 덩치가 자랄 때까지 기다렸다가 연주할 곡을 따로 모아놔야 할 정도"라고 말했습니다.

그런데 음악 재능은 참으로 불현듯 나타납니다. 지금 소개하는 영재들이 꼭 음악가 집안에서 태어난 것은 아니거든요. 특히 김서현의 어머니는 "사촌동생이 바이올린 연주자다. 그 밖에 음악 하는 사람이 없는 집안"이라며 "우리 가족은 지금도 얼떨떨하다"고 했습니다.

임윤찬이 픽한 중1

특히 작곡은 전통적으로 영재가 나타나기 어려운 분야였습니다. 경험을 쌓은 뒤 각종 악기와 음악 전체에 통달하고 나서야 잘할 수 있는 분야가 바로 작곡입니다. 그런데 요즘에는 놀라운 일이 자꾸 일어납니다. 2006년생 이하느리는 재미있고 독특한 곡을 척척 만들어냅니다.

그의 이름이 처음 알려진 건 2021년. 피아니스트 임윤찬이 하우스콘서트에서 이하느리가 작곡한 '2개의 피아노 소품'을 연주하면서였습니다. 임윤찬은 아끼는 작곡가인 스크리아빈, 또 스크리아빈의 동료였던 라흐마니노프의 작품을 연주하면서 그 사이에 이하느리의 작품을 깜짝 소개했죠. 임윤찬의 스승 손민수도 "모르는 작곡가의 작품을 연주하겠다고 해서 처음에는 반대했다. 그러다 무심코 살펴봤는데 너무 재미있길래 '이건 꼭 하자'고 했다"고 털어놨습니다. 20세기 현대 음악 어법에 다채로운 색채, 속도, 음량을 담아낸 흥미로운 작품이었습니다. 특별히 특징적인 부분을 들어보세요.

(7분 2초부터)
이하느리, 2개의 피아노 소품
피아노: 임윤찬

이 곡을 썼을 때 이하느리는 중학교 1학년이었습니다. 그는 네 살 때 피아노와 바이올린을 시작했습니다. 초등학교 3학년 때 스크리아빈의 음악을 듣고 정신적 충격을 받아서 곡을 처음 썼다고 합니다. 한국예술종합학교는 작곡과의 경우 영재를 뽑지 않습니다. 악기 연주와 달리 성숙함을 중시한다는 뜻이죠. 그러자 이하느리는 중학교를 졸업하고 검정고시를 봐서 조기 입학했습니다. 18세인 그는 현재 한국예술종합학교 1학년입니다.

아니나 다를까, 2024 중앙음악콩쿠르에도 나이 조건을 충족하자마자 출전해 바로 1등을 해버렸습니다. 이번 대회에서 작곡 부문의 나이 제한은 '2006년 2월 28일 이전 출생'이었습니다. 이하느리는 1월생입니다. 심사위원장 이신우 서울대 교수는 "의도한 바를 시종일관 정제된 기술로 잘 구현한다"고 평했습니다.

그런데 임윤찬이 연주했던 곡에 대해 이하느리는 "한창 배우느라 습작처럼 썼던 곡"이라며 "마음에 들지 않아 폐기했다"고 하더군요. 그 대신 마음에 드는 곡으로 다음 작품을 꼽았습니다. 2022년 작품인 '3 Symptome'입니다. 더 분명하게 자신의 이야기를 하고 있습니다. 들어보시죠.

(처음부터)
이하느리, '3 Symptome'

음악 영재들의 수준이 이렇게 올라갔습니다. 선생님들은 "이유를 잘 모르겠다"며 어리둥절해합니다. "가끔은 어떻게 이렇게 잘하는지 내가 도리어 묻고 싶은 아이들이 많다"(이지혜)거나 "음악에 과몰입한 괴짜들이 늘어났다"(이신우)라고 하더군요. 특히 기술적

숙련도뿐 아니라 음악의 이해가 깊다는 것이 요즘 영재들의 특징입니다.

이 놀라운 상황에 청중으로서 우리가 할 일은 분명합니다. 더 유명해지기 전에 미리미리 봐두고 들어두는 것! 조성진, 임윤찬에게서 경험했듯 피케팅의 물결은 순식간에 닥치니까요.

• **피케팅: 피가 튈 정도로 어려운 티켓 구하기. 인기 많은 아티스트의 공연 티켓은 구매하기조차 불가능한 현상에서 나온 말이다.**

지금 봐야 할 음악 영재들

김정아(첼로)

2011년	출생
10세	다비드 포퍼 국제 콩쿠르 영첼리스트 1위
12세	영 차이콥스키 국제 콩쿠르 1위

김서현(바이올린)

2008년	출생
13세	이자이 국제 콩쿠르 1위
13세	레오니드 코간 국제 콩쿠르 1위
14세	토머스 앤 이본 쿠퍼 국제 콩쿠르 1위
14세	티보르 바르가 국제 콩쿠르 1위

이하느리(작곡)

2006년	출생
14세	슈베르트 음악원 국제 콩쿠르 2위
18세	중앙음악콩쿠르 1위

성적은 올 A,
육상 대표인 음악 영재들

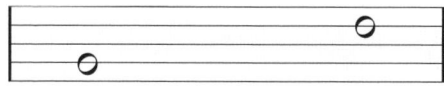

엄마가 바깥에서 방문을 잠그고 아들·딸의 연습을 시키던 시대는 지나갔다. '잘파(Z+알파) 세대' 음악 영재들은 공부도 잘하고, 축구 팀에서도 활약한다.

김서현은 중학교 과정인 예원학교에서 3년 내내 전 과목 올 A(90점 이상)를 맞았다. 딱 한 번 올 A를 못 했던 때가 있었다. 국제 콩쿠르 우승 이후 연주 일정이 이어져 시험을 못 봤던 중3 마지막 학기였다. 20대의 전 세계 연주자들을 제치고 1등 상을 받았던 바로 그때였다.

김정아는 초등학교 시절 달리기 대표였다. 축구팀에서도 뛰었다. 모든 운동을 좋아한다. 김정아의 어머니는 "그림도 잘 그린다.

음악만큼이나 좋아하는 것이 많다"고 전한다.

많은 취미 중 하나였던 음악이 이들을 잡아끈 것만은 확실하다. 김서현은 만 5세에 바이올린을 시작했는데 진도가 무척 빨랐다. 선생님의 권유로 본격적으로 악기 연주에 집중했다. 김정아는 유치원 방과 후 수업으로 가볍게 음악을 시작했다가 역시 선생님의 강력한 추천으로 첼로를 진지하게 파고든 케이스다.

여러 가지 취미 중에서 음악을 가장 좋아한다는 것도 분명하다. 김서현의 어머니는 "아이가 너무 열심히 하려고 해서 요즘에는 '워워' 시키는 것이 나의 일"이라고 했다. 이하느리는 "작곡은 하루 종일 앉아서 해도 재미있다. 누가 시키지 않아도 그렇게 한다"고 말했다. 진하고 독하게 몰입하는 새로운 음악 세대가 떠오르고 있다.

PART 3.

더
레전드
The Legend

블라디미르 호로비츠

규범에 안 들어오는 강렬한 상상력

우리는 천재에 대해 완벽한 모습을 그립니다. 정확하고 오류가 없는데, 특히 그걸 조금만 노력하고도 해내는 모습이죠. 20세기 최고의 피아니스트 블라디미르 호로비츠는 천재와 동의어가 됐다는 점에서, 그 이름을 들을 때마다 완벽함을 떠올릴 수도 있습니다. 공연 매진은 물론 티켓을 위한 줄서기 경쟁을 불렀던 슈퍼스타 피아니스트, 모든 행동이 뉴스가 됐던 세기의 예술가.

하지만 이번에는 그의 불완전함에 대해 이야기해 보려 합니다. 호로비츠의 음악을 조금 다른 면에서 보려는 거죠. 그렇게 좀 더 다가가 보겠습니다.

참고 사례가 없는 해석

우선 이 부분을 들어보세요. 피아노는 분명히 건반 악기인데, 호로비츠의 피아노는 마치 기타나 하프 줄을 긁어내리는 것 같은 소리를 냅니다. 리스트의 파가니니 주제에 의한 대연습곡 중 '사냥'을 부소니가 편곡한 버전입니다.

(2분 15초부터)
리스트, 파가니니 주제에 의한 대연습곡 중 '사냥'
피아노: 블라디미르 호로비츠

편곡자인 부소니가 직접 연주한 같은 부분을 들어볼까요.

(2분 20초부터)
리스트, 파가니니 주제에 의한 대연습곡 중 '사냥'
피아노: 페루초 부소니

부소니 또한 상당히 뚜렷한 파워를 가지고 연주합니다. 하지만 호로비츠의 소리가 훨씬 독특하죠. 어떻게 설명할 수 있을까요? 어쩌면 피아노 같지 않은, 그리고 더 나아가면 비음악적이기까지 한 소리라고 할 수 있을 것 같습니다. 물론 이 곡 전체를 들어보면 손가락이 열 개뿐인 인간은 소화할 수 없을 것 같은 음표들을 완벽하게 구현해 내는 것을 알 수 있습니다. 하지만 이런 완벽함이 곧 매력이 되지는 않습니다. 호로비츠만의 독특함은 때때로 비음악적인 희한한 소리들에 더 있는 것 같습니다.

음악의 속도를 갑자기 확 올려 잡거나 한계가 없을 때까지 뜨겁게 불을 지펴버리는 해석을 보여줄 때 그런 순간들이 옵니다. 기존 해석의 눈치를 보지 않는 호로비츠만의 목소리가 들리는 순간이죠. 음악이라기보다는 천둥이나 번개에 가깝기도 하고요. 미국의 피아니스트 엠마누엘 엑스는 "음악에서 다른 사람이 듣지 못한 것을 강조해 들려준다"고 호로비츠의 스타일을 정리했습니다. 호로비츠의 생전에도 한 인터뷰어가 "사실 당신의 연주를 피아노 선생님들이 본다면, 이렇게 연주하면 안 된다고 하겠죠"라고 묻더군요. 그러가 호로비츠가 대답했습니다. "그럼요. 게다가 저는 매번 칠 때마다도 다르게 친답니다."

처음에 얘기했듯, 호로비츠는 무결점으로 언제나 칭송만 받았던 피아니스트가 아니었습니다. 모든 분야의 게임 체인저가 그렇듯, '이건 뭐야?'의 반응을 얻을 수밖에 없었죠. 음악사에 거대한 족적을 남긴 리처드 타루스킨이 호로비츠에 대해 "악기에 대한 놀라운 재능이 음악적 이해를 담보하지 않는다"고 일갈한 사례도 유명합니다. 퓰리처상을 받은 팀 페이지 역시 "호로비츠가 피아노를 쪼개고 찌르는 방식으로 멜로디를 수많은 유리 조각처럼 산산조각 낼 때가 있다"고 강력히 비판했습니다. 존경받는 지성의 피아니스트 알프레드 브렌델도 "과장하고 조잡한 표현"이라고 비판했죠.

그만큼 달랐기 때문이었습니다. 표준을 뛰어넘는 과감한 상상력이 있었죠. 작곡가의 악보 뒤에 연주자가 늘 숨어야 한다는 강박관념도 없었습니다. 그 결과가 이런 음악입니다. 쇼팽의 폴로네이즈 '영웅' 연주인데요, 이 부분에서 왼손이 어떻게 발전하는지 들어보세요.

4분부터

쇼팽, 폴로네이즈 6번 '영웅'
피아노: 블라디미르 호로비츠

호로비츠는 속도를 느리게 잡아 절대 과시적이지 않도록 끌고 가고 있죠. 하지만 이렇게 왼손으로 점점 키워내는 무시무시한 소리가 호로비츠의 특별한 상상력을 보여줍니다. 오른손 또한 화음을 구성하는 모든 음이 거칠게 튀어나와 모두 들리는 경험을 할 수 있지 않나요? 다른 사람이 강조하지 않았던 것들에 대한 독자적인 조명입니다. 사실은 이 소리가 음악적이고 또 아름다운가에 대한 의문이 들기도 합니다. 하지만 머리가 마음을 지배하기 전에, 우리는 열광하고야 말죠.

정말 희한한 손 모양

이런 해석의 신선함에 앞서, 모두가 동의할 수밖에 없는 사실이 있습니다. 바로 오류가 없는 완벽한 테크닉입니다. 호로비츠의 연주회에는 당대의 거의 모든 피아니스트가 모여들었다고 하죠. 도대체 어떻게 그런 완벽한 연주를 하는지 궁금했던 겁니다. 그렇다면 호로비츠의 손은 완벽한 피아니스트의 표준일까요?

전혀 그렇지 않습니다. 무엇보다 그의 피아노를 칠 때 손 모양이 독특합니다. 손목이 건반보다 아래로 내려가 있고, 바깥쪽으로 틀어지기도 합니다. 팔꿈치 윗부분은 연주 내내 거의 움직이지 않고요. 손가락은 더욱 특이합니다. 피아노를 시작이라도 해봤다면 알겠지만 기본적으로 건반은 손끝으로 치게 돼 있죠. 그래야 건반을 누르는 속도와 무게를 미세하게 조정할 수 있으니까요. 그런데 호로비츠는 꼭 말 안 듣는 피아노 초심자처럼 손가락을 쭉 펴서 칩니다. 어떤 피아니스트가 이렇게 농담하더군요. 호로비츠는 손톱을 깎을 필요가 없는 피아니스트라고요.

여기서 끝이 아닙니다. 오른손 약지와 새끼손가락을 꼭 번데기처럼 힘주어 말아서 연주할 때도 있었습니다. 중지부터 새끼손가락까지 긴 손가락을 박쥐 날개처럼 펼쳐서 엄지와 검지 위로 날아가기도 하고요. 모든 손 모양이 피아니스트들이 상상할 수 없는 방법입니다. 다음 장면을 한번 보세요. 모범적 손 모양을 연습해 온 피아니스트들이 억울할 정도로 희한한 모양을 한 채 엄청난 감정의 파고를 만들어내는 모습입니다. 호로비츠가 1978년 마지막으로 라이브 녹음한 라흐마니노프 협주곡 3번입니다.

(40분 34초부터)
라흐마니노프, 피아노 협주곡 3번
피아노: 블라디미르 호로비츠

불안한 마음

게다가 그 유명한 무대 공포증을 다시 생각해보세요. 호로비츠는 1936년, 불과 33세에 2년 동안 연주를 중단했고, 1953년부터 12년 동안 잘 알려진 잠적기를 가졌습니다. 완전한 고립의 시간이었죠. 또 1969년부터 1974년까지도 공연을 쉬었고요. 총 3번의 잠적이었습니다.

1980년대 초반에는 약물 과용인 듯 무대에서 무참히 무너지는 모습까지 보였습니다. 그는 무대를 두려워했고, 쉽게 지치는 마음을 가지고 있었습니다. 무대 위에서 그 누구도 참고하지 않고 자신의 이야기를 하는 사람의 마음에 이런 불안함이 깃들어 있다는 것이 놀랍습니다.

그래서 호로비츠의 조용한 노래가 더욱 매력적이라 생각합니다. 그의 시그니처는 아무래도 콘서트홀의 지붕을 날려버릴 것 같은 충격적인 사운드와 꽉 찬 화음 같은 것이겠지만요. 사실 호로비츠의 진짜 내면을 들여다보는 것 같은 순간은 이런 조용한 노래들에서 나오고는 합니다. 이후의 모든 피아니스트에게 '호로비츠만큼 못할 것'이라는 공포증을 남겼던, 슈만의 〈어린이 정경〉 중 '트로이메라이(꿈)'는 꼭 들어봐야 합니다.

어떤 평론가는 호로비츠의 '트로이메라이'가 슈만이 의도한 감정적 정점을 모두 무시했다고 혹평했죠. 하지만 그런 정전, 혹은 판본과 상관없이 청중은 그의 꿈에 매혹됐습니다. 호로비츠가 러시아를 떠난 지 61년 만에 돌아온 역사적 공연(1986년) 중 한 장면입니다.

(처음부터)
슈만, 소품 〈어린이 정경〉 중 '트로이메라이'
피아노: 블라디미르 호로비츠

초인적이고 폭풍과 같은 피아니스트의 가장 내밀한 대화를 듣는 것 같은 연주입니다. 여기에서도 호로비츠의 가장 중요한 스타일을 발견할 수 있습니다. 바로 노래하는 능력입니다. 피아노는 언제나 사람의 목소리를 동경하지만, 절대로 따라잡을 수 없습니다. 무자비하게 똑똑 끊어져 있는 피아노의 건반을 떠올려 보세요.

호로비츠는 아마도 모든 피아니스트를 통틀어 건반으로 노래를 가장 잘 하는 이였을 듯합니다. 스스로도 그렇게 말했죠. "나는 언제나 노래에 매혹돼 있었어요. 제가 가진 음반 중에는 피아노보다 성악이 많습니다." 그래서 간혹 손가락의 현란한 놀림이 가장 중요한 곡에서조차 호로비츠의 노래가 툭툭 튀어나옵니다. 호로비츠가 말년에 참 사랑했던 작곡가 슈만의 '토카타'를 들어보겠습니다. 쉴 새 없이 손가락과 팔의 근육을 놀려야 하는 이 무지막지한 곡에서 호로비츠의 벨칸토 주법이 흘러나오는 부분입니다.

(43초부터)

슈만, '토카타'
피아노: 블라디미르 호로비츠

이런 짧은 노래조차, 누가 이렇게 할 수 있을까요. 그것도 피아노로 말입니다.

불완전하고 희한한 천재였습니다. 그는 1920년 우크라이나 키이우 음악원을 졸업한 이후 스승을 둔 적도 없었습니다. 라흐마니노프와 깊은 우정으로 음악적 영향을 받기는 했지만 말이죠. 모든 것이 기존의 문법과 달랐던 피아니스트 호로비츠, 희한하다고 말할수는 있어도 기억이 안 난다고는 할 수 없는 그런 음악을 남겨 놨습니다. 강렬한 상상력으로 청중마저 독특한 세계로 끌어당기는 예술가였죠. 다시는 없을 최후의 낭만주의 연주자, 또 러시아 낭만주의의 마지막 피아니스트로 불리는데요. 어쩌면 앞으로 만날 수 없는 마지막 자유주의 피아니스트일 것 같습니다.

블라디미르 호로비츠의 생애

1903년	우크라이나 키이우 출생
1912년	키이우 음악원에서 음악 공부 시작
1920년	키이우 음악원 졸업
1921년	러시아 연주 투어
1925년	베를린으로 이주 및 데뷔
1926년	독일·프랑스·이탈리아에서 성공적 콘서트
1928년	미국 데뷔
1933년	완다 토스카니니와 결혼
1936~38년	콘서트 휴식
1944년	미국 시민권 획득
1953~65년	콘서트 휴식
1965년	카네기홀 복귀
1969~1974년	콘서트 휴식
1986년	러시아에서 61년 만의 공연
1989년	심장마비로 사망, 밀라노에 묻힘

만만치 않았던
데뷔 무대

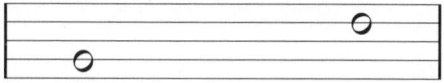

블라디미르 호로비츠의 여러 일화 중 그의 1928년 뉴욕 데뷔에 관한 이야기는 꽤 유명하다. 당시 그는 카네기홀에서 뉴욕 필하모닉과 함께 데뷔했다. 지휘자는 토머스 비첨. 이 거장 지휘자는 25세의 피아니스트에 별 관심이 없었다. 호로비츠는 훗날 "지휘자는 지휘자 자신만 신경 쓰고 있었다"고 했다. 24세 연상의 지휘자였다.

나이 지긋한 지휘자와 혈기 왕성한 협연자가 자주 그렇듯, 둘은 속도에서 어긋났다. 차이콥스키 피아노 협주곡 1번에서 비첨은 느긋하게 음악을 이끌어갔다. 그의 뉴욕 필 데뷔 무대이기도 했다. 비첨은 악보 없이 악보를 외워 지휘하고 있었다. 호로비츠는 "너무 느려 죽을 지경이었다. 청중 대부분이 잠들어 있었다"라고 회고했다.

드디어 마지막 악장인 3악장. 호로비츠는 시작 부분에 오케스트라만 연주하는 네 마디를 무참히 짓밟듯 엄청난 속도로 달려나갔다. 지휘자는 어쩔 수 없이 그 속도를 따라와야 했고, 청중은 거대한 환호를 보냈다. 대성공이었다.

몇 년 후 지휘자와 피아니스트는 런던 무대에서 다시 만났다. 애꿎게도 연주곡은 다시 차이콥스키 협주곡. 첫 리허설에서 협연자가 호로비츠라는 걸 확인한 비첨은 큰소리로 이렇게 말했다고 한다. "여기 악보! 악보 좀 가져다줘요!"

레너드 번스타인
펄쩍 뛰는 지휘는 우연이 아니다

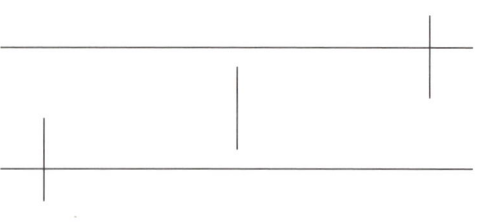

"그는 (러시아 무용수) 니진스키처럼 수직으로 공중에 올라가 15초 정도 떠 있었다." 1960년 뉴욕타임스에 실린 비평입니다. 여기서 붕 떠올라 15초를 공중부양했다고 묘사된 이는 레너드 번스타인입니다. 무슨 일이 있었던 걸까요.

번스타인은 피아니스트 스비아토슬라프 리히터와 함께 리스트의 협주곡 2번을 연주했습니다. 이때 번스타인이 지휘대에서 열정적으로 지휘하던 나머지 공중부양을 했다는, 다소 과장 섞인 리뷰였습니다. 비평은 이어집니다. "그의 발놀림은 훌륭했다. 음악이 더 많고 흥분은 덜 했으면 좋았겠지만."

신체적인 지휘, 기분이 고양되는 조증에 가까운 지휘를 하는 번스타인의 세계로 들어가보겠습니다. 우선 뉴욕타임스의 비평가가 마뜩잖아 했던 번스타인의 점핑 스타일을 보시겠습니다. 그는 지휘대에서 종종 이렇게 뛰어오르곤 했습니다. 말러의 교향곡 8번 중 파트 1의 피날레 '모든 영광이 아버지께'입니다. 1975년 빈 필하모닉과 함께 빈 콘체르트하우스에서 연주하는 장면입니다.

(1분 18초부터)
말러, 교향곡 8번 중 '모든 영광이 아버지께'
지휘: 레너드 번스타인

잠깐의 공중부양을 잘 보셨나요? 번스타인은 음악에 완전히 몰입하는 뜨거운 지휘자였습니다. 그의 지휘를 보면 단원들에게 정확한 지시를 주는지 의아해지기도 합니다. 박자를 젓는 패턴이 표준보다 크고, 다른 지휘자들에 비해 유난히 유연하죠.

온몸을 다 쓰는 지휘법으로 그는 굉장히 신체적인 지휘자로 분류됩니다. 지휘를 배울 때 스스로 남긴 기록도 있는데요, 거기에 보면 거울을 보면서 연습을 했다고 합니다. 보스턴 인근의 탱글우드 음악 캠프에서 세르게이 쿠세비츠키에게 배울 때의 일입니다. 번스타인은 스승으로부터 춤 동작에 가까운 안무를 배웠다고 기록해 놓고 있습니다. 이렇게 온몸을 써서 음악을 표현하는 것이 번스타인 지휘의 출발점이었던 거죠.

문제는 그 동작이 결국 무엇을 만들어내느냐겠죠. 재미있는 연구가 있었는데요, 무용학자인 데이비드 캘러한이 번스타인의 동작을 안무 관점에서 본 겁니다. 그는 2018년에 이론을 발표했는데 골자는 '번스타인의 지휘 동작은 우연이 아니다' 정도가 되겠습니다. 다음 동영상은 1978년 번스타인이 빈 필하모닉과 함께 연주한 베토벤의 교향곡 7번의 마지막 부분입니다. 여기에서 캘러한은 번스타인이 악보의 하강하는 16분음표에서 지휘봉을 허공에서 한 번 돌리고 펀치하듯 앞으로 찌른 다음, 아래로 획획 내리는 세 연속 동작에 주목합니다.

6분 55초부터

베토벤, 교향곡 7번
지휘: 레너드 번스타인

그런데 1990년 탱글우드 페스티벌에서도 같은 음악의 같은 부분에서 똑같은 동작으로 지휘했다는 겁니다. 12년이 지나 번스타인의 음악은 느려졌고 동작도 굼떠졌지만 정말로 똑같이 돌리고 찌르고 내리찍습니다. 즉 번스타인은 그저 음악에 취해서 아무렇게나 움직이지 않았고, 철저한 계획에 따라 그 열정적이고 극적인 지휘 동작을 하게 됐다는 연구입니다. 직접 링크할 영상을 구하지 못했지만, 아래의 웹사이트에서 캘러한의 설명과 영상을 보실 수 있습니다.(https://www.loc.gov/item/2021692355)

번스타인 이전의 지휘자, 예를 들어 번스타인의 스승이었던 프리츠 라이너의 지휘만 보더라도 차이가 납니다. 라이너가 베토벤 교향곡 7번의 마지막 부분을 어떻게 지휘하는지 보실까요.

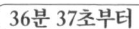
36분 37초부터

베토벤, 교향곡 7번
지휘: 프리츠 라이너

몸은 거의 움직이지 않고, 표정 또한 변화가 없습니다. 여기에서 무엇이 느껴지시나요? 네, 권위입니다. 이에 비하면 번스타인은 솔직한 리더에 가깝죠. 민주적이고 자신감에 넘쳐 뻔뻔하면서 쾌활한 지휘자입니다. 이런 특성은 또 무엇을 떠올리게 하나요? 네, 바로 미국입니다.

"이 땅에서 나고 자란 지휘자!"

번스타인은 철저하게 미국적인 지휘자였습니다. 그가 1943년 뉴욕 필하모닉의 지휘 무대에 대타로 서둘러 올라갔을 때를 생각해 보겠습니다. 공연의 출연 제의를 받은 것은 공연 당일 아침. 뉴욕 필하모닉을 지휘하려 했던 브루노 발터가 고열로 공연을 취소했기 때문입니다. 리허설도 없이 무대에 선 번스타인은 다시없을 스타로 탄생하게 됩니다.

이때 라디오에서 흘러나온 해설이 그의 인기를 한층 높였습니다. "우리는 지금 우리 땅에서 태어나고 교육받고 훈련받은 젊은 지휘자의 첫 무대를 경험했습니다." 미국의 자존심을 우뚝 세워준 음악인인 거죠. 러시아계 유대인의 혈통인 번스타인이 미국인의, 미국인을 위한 지휘자로 거듭나는 순간이었습니다. 번스타인은 1958년 뉴욕 필하모닉의 상임 지휘자로 임명됐는데, 이 오케스트라의 첫 미국인 지휘자였습니다. 미국인이 그를 사랑하지 않을 도리가 없겠죠? 그의 지휘 스타일 또한 미국적인 것과 뗄 수 없는 요소가 있습니다.

　무엇보다 낙천성이야말로 미국 지휘자 번스타인만의 것입니다. 스트라빈스키의 무서울 정도로 급진적인 '봄의 제전'에서 잠시 숨을 고르는 순간을 번스타인만큼 태평하게 해석할 수는 없을 겁니다. 호른과 플루트가 흘러나오는 이 순간을 영상으로 들어보세요. 꼭 뉴욕 마천루의 반짝이는 불빛을 표현한 음악이라 해도 믿을 법하지 않나요?

(처음부터)
스트라빈스키, '봄의 제전'
지휘: 레너드 번스타인

　빈 필하모닉의 한 단원이 이렇게 말했다죠. "카를 뵘과 베토벤을 연주할 때는 베토벤을 연주하면 되지만, 번스타인과 베토벤을 할 때는 번스타인으로 연주하게 된다"고요. 1966년 런던 심포니와 함께 한 '봄의 제전'에서도 번스타인만의 세계가 보이죠. 릴랙스된 노래 뒤에 바로 이어지는 분출하는 에너지를 보세요. 예리하고 지적인 지휘자 그 자체입니다. 이완과 명쾌함의 사이에서 찾은 균형이라 할 수 있겠습니다.

미국적 건방짐에 대한 은유

번스타인은 스스로 "어려서부터 남 앞에 서는 데 거리낌이 없었다"고 기억했습니다. 그 성향은 위에서 봤듯이 펄쩍펄쩍 뛰는 지휘 스타일을 만들어냈고요. 또 하나, 바로 수많은 대중 앞에서 음악에 대해 직설적 언어로 풀어내는 일을 해내게 만들었죠.

비평가인 조셉 호로비츠는 번스타인이 1954년 CBS의 음악 교양 프로그램 '옴니버스'에서 음악 해설을 하는 장면에 대해 "그의 미국적 건방짐에 대한 완벽한 무의식적 은유"라고 평했습니다. 번스타인은 베토벤 교향곡 5번을 분석하면서 방송 세트의 거대한 바닥과 벽면에 커다란 악보를 띄웠습니다. 번스타인은 매끈한 정장을 입고 악보를 밟고 서서 음악을 해설합니다. 그 장면을 보실까요.

1분 36초부터
베토벤 교향곡 5번을 설명하는 번스타인

베토벤이 이 교향곡을 작곡하면서 스케치해 뒀지만 결국에는 사용하지 않은 악보들을 하나하나 들려주면서 그는 주장합니다. '베토벤의 음악은 합목적적이다.' 베토벤의 음악에서 하나의 음표, 혹은 음악적 아이디어가 향할 곳은 한 방향밖에는 없다는 겁니다.

바로 베토벤이 수많은 스케치들을 버리고서 선택한 단 하나의 결론이 그 방향이죠. 이런 과정을 피아노로 치며 설명하는 번스타인의 매력에 전 세계인이 푹 빠졌습니다. 번스타인은 '옴니버스'에 이어 '청소년 음악회'까지 15시즌 연속으로 텔레비전 콘서트를 주최했고, 시리즈는 12개 언어로 더빙돼 40개국에서 방영됐습니다.

다재다능함은 굳이 말을 보태 뭐 하겠습니까. 라벨의 현란한 G장조 협주곡까지 연주했던 피아니스트이자, '셰익스피어를 브로드웨이에 불어넣었다'는 평을 들었던 작곡가이자, 하버드대학에서 언어학과 음악의 관계에 대해 연설했던 지성인이자, 시대의 정치 상황에 능동적으로 끼어들고자 했던 정치 운동가였죠.

그 뜨겁고 거칠 것 없던 지휘자도 세월을 지나왔습니다. 탱글우드에서 번스타인에게 배우곤 했던 지휘자 닐 햄튼은 번스타인의 말년에 대해 이렇게 썼습니다. "번스타인은 나이가 들면서 템포가 느려지는 지극히 개인적인 해석으로 유명했고, 종종 비판을 받았다. 마치 음악에서 표현력을 한 방울이라도 더 짜내려고 애쓰는 것 같았다." 그러면서 그는 말년의 번스타인이 더 깊은 공부를 위해 새로운 악보를 쓰고 연구했던 것 때문에 스타일이 변했던 것이라고 변호했습니다.

말년의 번스타인은 확실히 느려졌습니다. 1987년 녹음한 말러의 교향곡 2번은 무려 93분 28초가 걸렸습니다. 오토 클렘페러는 79분 21초입니다. 찬란한 열정 대신 마치 한숨처럼 경건하게 내뱉는 번스타인의 마지막 피날레를 들어보세요.

(처음부터)
말러, 교향곡 2번
지휘: 레너드 번스타인

이 느린 호흡도 숭고하지만, 역시 인기가 높은 것은 해파리처럼 손을 휘두르고 펭귄처럼 팔을 휘두르며 지휘대에서 폴짝 뛰는 번스타인이겠죠. 또 지휘봉을 내린 채 얼굴 표정만으로 하이든을 지휘하는 순간은 어떻고요. 빈 필하모닉의 바이올린 주자에게 '지금 들어오라'며 눈을 맞추는 번스타인의 매력을 만끽해보세요. 또 어떤 지휘자가 이렇게 할 수 있을까요.

(처음부터)
하이든, 교향곡 88번
지휘: 레너드 번스타인

번스타인의 생애

1918년	매사추세츠 로렌스 출생
1932년	보스턴 심포니 연주 첫 관람
1935년	하버드 대학 입학
1939년	커티스 음악원 입학
1942년	뉴욕으로 이주, 교향곡 '예레미야' 작곡
1943년	뉴욕 필하모닉 부지휘자 활동 시작
1943년	뉴욕 필하모닉 첫 지휘
1944년	첫 뮤지컬 〈온 더 타운〉 공연
1951년	펠리시아 몬테알레그레 콘과 결혼
1957년	뮤지컬 〈웨스트 사이드 스토리〉 초연
1958년	뉴욕 필하모닉 상임 지휘자
1958년	'청소년 음악회' 시리즈 시작
1973년	하버드 대학 강연 '대답 없는 질문'
1989년	베를린 장벽 붕괴 후 베토벤 9번 교향곡 지휘
1990년	사망

전향서 쓰고 무대에 선
좌파 음악인

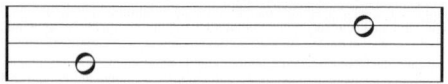

쾌활한 쇼맨십의 번스타인에게는 공포와 두려움이 있었다. 미국의 정치학자인 배리 셀즈는 2009년 쓴 논쟁적인 책《레너드 번스타인》에서 번스타인이 "어두운 시대를 살다간 사람"이며 "자신의 음악과 정치 활동을 분리했던 일이 거의 없었다"라고 했다. 번스타인에 관한 FBI의 보고서를 입수해 분석하고 내린 결론이다.

그는 하버드 대학 시절부터 감시 대상이었다. '반파시즘 난민 합동구호위원회' 후원 모임에 참석하고, '전국흑인의회' 창설에 힘을 보태려 했으며, 나치의 공격을 받는 소련을 위해 '승리기원 청년 궐기대회'에서 연주했다. 그는 1950년 우파 성향의 잡지에서 꼽은 '라디오와 TV의 공산당 인사' 중 하나였다. 블랙리스트였다. 여권을 갱신할 수 없었고 공연이 취소됐다.

배리 셀즈는 번스타인이 치욕적인 전향서를 쓰고 무대에 다시 설 수 있었다는 사실을 찾아냈다. 또 정치 상황이 바뀌어도 늘 존재했던 위협 때문에 번스타인이 작곡가로서 재능을 완성하지 못하고 세상을 떠났다고 봤다. 그는 뮤지컬 〈웨스트사이드 스토리〉로 대중의 사랑을 받았지만 스스로 최종 목표로 생각했던 작품, "인류의 역사를 돌아보고 사회적 메시지를 던지는" 음악을 완성하지 못하고 72세에 폐암으로 세상을 떠났다.

마리아 칼라스

오페라 역사 바꾼 '환승연애'

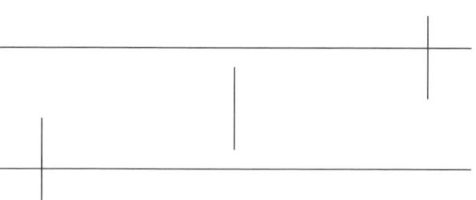

©워너 뮤직

1959년 8월 모나코의 몬테카를로.

높이 5층, 길이 100m의 축구장만 한 요트가 준비됐습니다. 300만 달러짜리 초호화 요트입니다. 황금과 대리석으로 치장한 욕실과 서재·수영장에 공연장 겸 라운지까지 갖췄죠. 명화와 불상, 그리스 골동품, 그랜드 피아노도 놓여 있습니다. 승무원만 60명인 이배가 3주간의 크루즈를 시작합니다.

이 항해는 엉뚱하게도 오페라의 역사를 바꾸게 됩니다. 배에 탔던 소프라노 마리아 칼라스 때문입니다. 당시 35세였던 칼라스는 '바다 위의 궁전'에서 소녀처럼 좋아하며 뛰어다녔다고 합니다. 그리고 이 배가 튀르키예의 이스탄불에 정박했을 때 배의 주인과 함께 내려 하룻밤을 지내고 돌아오게 되죠. 배에는 크루즈에 함께 나섰던 남편이 혼자 남아 있었습니다.

이제 전 세계 오페라 팬에게 암흑기가 시작됩니다. 마리아 칼라스는 당대 최고의 스타였습니다. 청중은 공연 며칠 전부터 침낭을 챙겨 들고 길에서 잠을 자며 칼라스를 기다렸죠. 전성기인 1948년부터 52년까지 18개 배역을 맡아 173차례 공연했던 가장 뜨거운 소프라노였습니다. 호화 요트에 승선하기 전인 1958년엔 28차례 오페라 공연을 했죠. 그런데 1960년 7회, 1961년 5회, 1962년에는 단 두 차례만 오페라 무대에 섰습니다. 1965년 42세 때 마지막 두 차례의 오페라에서 노래한 뒤 은퇴했습니다. 그 뜨겁던 오페라 디바가 이 크루즈 여행을 기점으로 서서히 식어갔습니다.

무슨 일이 있었던 걸까요. 부족할 것 없는 최고의 스타가 어떻게 이런 선택을 하게 된 걸까요.

이상하게도 칼라스의 삶은 마치 오페라 작품들이 조목조목 예언해 둔 것처럼 흘러갔습니다. 칼라스가 출연한 마지막 오페라는 〈노르마〉였습니다.

〈노르마〉의 여주인공 노르마는 금지된 사랑을 합니다. 적국의 장군과 사랑에 빠진 거죠. 하지만 그 장군의 마음은 변했습니다. 그가 다른 여성과 사랑을 약속한 것을 알게 된 노르마는 자신의 몸을 불에 던져 파멸시키며 모든 관계를 끝내는 선택을 합니다. 다음은 유명한 아리아 '정결한 여신'입니다.

1분 25초부터
벨리니, 오페라 〈노르마〉 중 '정결한 여신'
소프라노: 마리아 칼라스

오페라 역사상 가장 힘과 기품이 있는, 칼라스의 노르마입니다. 칼라스는 이 작품을 인기 오페라의 반열에 올려놨습니다. 노르마를 제대로 부를 소프라노가 마땅찮았을 때 칼라스는 25세에 처음 이 역을 맡아 드라마틱한 성공을 거뒀습니다. 평생 88차례 노르마로 출연했죠.

그리고 노르마처럼, 뜨겁게 빠졌던 상대에게 치명적 상처를 입게 됩니다. 그 호화 요트의 선주인 오나시스가 1968년 재클린 케네디와 결혼을 발표하면서죠. 칼라스는 TV의 저녁 뉴스로 이 소식을 들었다고 합니다. 오나시스의 배를 타고 함께 시간을 보냈던 그날 이후 꼭 10년 만에 일어난 일이었습니다.

칼라스는 삶을 일으켜 세웠던 노래도 멀리하고, 20대에 만났던 남편과 억지로 이혼하면서 오나시스에게 빠져들었습니다. 그 끝에 폭력적으로 이별을 당한 칼라스는 자신을 파괴하는 길에 접어듭니다. 마치 노르마가 그랬던 것처럼요.

사람들은 칼라스에 대해 이렇게 얘기했습니다. 여성을 수집하는 남자에게 기꺼이 수집당했던 디바. 그리고 열일곱 살 많은 오나시스에 대해서는 이렇게 수군댑니다. 칼라스의 명성과 젊음을 모두 빨아들이고 떠난, 비뚤어진 율리시즈라고요. 그만큼 팬들의 상심이 컸습니다. 당시 칼라스를 잃는 일은 오페라 전체를 잃은 것과 다름없었으니까요.

거친 소리에 설득당한다

한 시대를 떠들썩하게 했던 칼라스의 매력은 뭐였을까요. 타고난 아름다움 같은 것과는 거리가 멉니다. 칼라스를 발탁해 키웠던 지휘자 툴리오 세라핀은 칼라스의 소리에 대해 '위대하고 추한 목소리(grande vociaccia)'라고 했습니다. 이게 무슨 말일까요. 곱고 예쁜 소리가 아니라는 겁니다.

소프라노 황수미는 "뗏소리나 쇳소리 같은 거친 소리이기 때문에 처음부터 사랑에 빠질 수는 없다"며 "하지만 테크닉과 표현력 면에서 반드시 설득당하고 마는 소프라노"라고 했습니다. 칼라스의 독창적인 표현과 소리는 다음과 같은 부분에서 확인할 수 있습니다. 오페라 〈토스카〉의 아리아 '노래에 살고 사랑에 살고' 중의 한 부분입니다.

(2분 40초부터)
푸치니, 오페라 〈토스카〉 중 '노래에 살고 사랑에 살고'
소프라노: 마리아 칼라스

이 노래를 들어보면 음높이가 내려가는 부분에서 칼라스는 소리를 줄이지 않고 끝까지 뻗어 나가도록 하는 것을 알 수 있습니다. 유명한 라이벌이었던 레나타 테발디의 같은 노래를 들어보면 확연히 차이가 납니다. 부드럽고 깨끗한 소리를 내는 테발디의 크리미한 피아노(p, 작은 소리)를 들어보세요. 황수미는 "칼라스는 토스카라는 인물에 자신의 감정을 호흡과 함께 실어 다 쏟아붓는다. 테발디는 아주 교과서적인 정제된 테크닉으로 노래한다"고 분석했습니다.

（3분 7초부터）
푸치니, 오페라 〈토스카〉 중 '노래에 살고 사랑에 살고'
소프라노: 레나타 테발디

칼라스의 강력한 무기는 드라마였습니다. 좋은 소리에만 집중하던 기존의 오페라에 진한 연기력으로 감정이입을 했죠. 그래서 오페라 역사에서 B.C.는 '칼라스 이전(Before Callas)'이란 뜻으로 쓰입니다.

황수미는 다음과 같은 부분에서 칼라스의 드라마를 발견합니다. 버림받은 여성이 죽어가며 부르는 〈라 트라비아타〉의 마지막 노래 '지난날이여 안녕'입니다. 소리는 무거운데 힘은 빠져 있습니다. 황수미는 노래의 마지막 부분에 대해 "칼라스가 빨대로 빨아 마시듯이 소리를 내면서 목소리로 연기하는 것"이라 했습니다. "거대한 오페라 극장에서는 가수가 잘 안 보이기 때문에 몸과 얼굴로는 연기를 할 수 없다. 목소리의 색깔과 호흡으로 드라마를 표현해야 하는데, 그게 바로 칼라스의 주특기였다."

（2분 43초부터）
베르디, 오페라 〈라 트라비아타〉 중 '지난날이여 안녕'
소프라노: 마리아 칼라스

칼라스의 경력은 신화에 가깝습니다. 소프라노의 소리 중 가장 무거운 바그너의 '발퀴레'와 가장 섬세한 벨리니 〈청교도〉를 동시에 공연한 성악가는 지금까지도 칼라스가 유일합니다. 높은음, 중간 음, 낮은음에서 각각 다른 색깔의 소리를 내는 것도 매력적인 특기였죠. 음원으로 듣는데도 마치 4D로 바람이 불어오는 것 같은 입체성, 거기에 홀딱 반해 칼라스의 추종자가 된 팬이 전 세계에 많습니다.

미운 오리에서 원톱 디바로

이 놀라운 소프라노는 원래 미운 오리였습니다. 일곱 살 위인 미모의 언니에게 늘 주눅이 들었고, 어머니와 사이가 좋지 않았습니다. 먹성이 좋아 몸무게가 90kg이 넘은 상태에서 오페라 무대에 데뷔했죠. 식사할 때면 남의 접시 음식을 조금씩 먹는 버릇이 있었습니다. 지독한 근시라 오페라 무대가 어두울 때는 눈을 감고 공연하는 것이나 다름없었다고도 합니다.

칼라스의 성공은 무서운 노력 덕분에 가능했습니다. 그리스에서 칼라스를 가르쳤던 선생님 엘비라 데 이달고는 "다른 학생의 레슨까지 모두 참관한 뒤 온종일 노래 연습을 하는 학생이었다"고 회고했습니다.

오페라를 위한 또 다른 노력도 역사에 남았습니다. 1953년부터 1년 만에 무려 37kg을 감량한 사실이죠. 배우 오드리 헵번을 본 뒤 충격을 받았기 때문이라는 설이 있지만, 오페라 출연을 위해서였다는 쪽이 더 설득력 있습니다. 바로 〈메데아〉라는 오페라입니다. 역시 배신한 남편에게 복수하기 위해 자신을 파멸시키는 내용이죠.

이렇게 어렵게 정상에 올라가 그렇게 순식간에 내려왔습니다. 칼라스는 어려서부터 노래에만 집중했기 때문에 인간관계에 서툴렀고, 불안할 정도로 자신을 혐오했으며, 가학적 사랑에 빠져 자신을 돌보지 못했습니다. 결국 마지막엔 파리의 호화로운 아파트에 홀로 살면서 매일 수면제를 먹는 날이 반복됐습니다. 수면제 먹은 사실을 잊어 또 수면제를 먹고, 아침이면 "하루가 줄어 감사합니다"라고 되뇌는 날을 보내다 세상을 떠났습니다. 오페라 〈라 트라비아타〉의 비올레타처럼요.

비올레타의 노래를 마지막으로 들어보겠습니다. 노래라기보다는 독백인데요. 편지를 읽는 장면입니다. 죽음을 앞둔 비올레타의 감정을 이보다 적절하게 표현할 수는 없을 겁니다. 칼라스 이후 한동안 어떤 소프라노도 이 역할에 도전하지 못했습니다. "사랑에 빠져 죽음을 맞이하는 여성을 너무 많이 연기했다"는 자신의 말이 예언이 된 듯 칼라스는 54세에 세상을 떠났습니다.

(처음부터)

베르디, 오페라 〈라 트라비아타〉 중 편지 독백

소프라노: 마리아 칼라스

프리마돈나의 강렬했던 삶

1923년	출생(뉴욕)
23세	베로나에서 〈라 조콘다〉 주역
26세	베네치아에서 〈발퀴레〉 〈청교도〉 동시 출연
26세	조반니 메네기니와 결혼
28세	밀라노 라스칼라 데뷔
29세	EMI와 계약
33세	뉴욕 메트 오페라 데뷔
34세	아리스토텔레스 오나시스와 만남
36세	로마에서 오페라 취소
36세	메네기니와 결별
54세	파리에서 사망

뉴욕타임스가 뽑은 '칼라스의 노래'

그리스 혈통인 마리아 칼라스는 1923년 미국 뉴욕에서 태어났다. 뉴욕은 늘 칼라스를 사랑하는 도시다. 2021년 뉴욕타임스는 '마리아 칼라스와 사랑에 빠지는 5분'이라는 기사를 통해 칼라스의 음악을 재조명했다. 소프라노, 지휘자, 뉴욕타임스의 비평가 등이 꼽았던 최고의 노래 중 3곡을 소개한다.

오페라 〈투란도트〉 중 '이 궁전에서'
(In questa reggia)

"50초쯤 지나 그녀가 납치돼 살해된 조상의 이름을 부르며 부드럽게 올라가는 구절을 부를 때면 항상 눈물이 난다."

_앤서니 토마시니, 뉴욕타임스 수석 클래식 비평가

(처음부터)

푸치니, 오페라 〈투란도트〉 중 '이 궁전에서'
소프라노: 마리아 칼라스

오페라 〈라 트라비아타〉 중 '이 말을 전해주세요'
(Dite alla giovine)

"이미지에 대한 상상력을 자극하는 독특한 음색. 흠잡을 데 없는 음악적, 극적인 본능이다"

_르네 플레밍, 소프라노

(처음부터)

베르디, 오페라 〈라 트라비아타〉 중 '이 말을 전해주세요'
소프라노: 마리아 칼라스

오페라 〈맥베스〉 중 '여기 아직도 핏자국이'
(Una macchia e qui tuttora)

"가수가 진실을 아름답게 말하는 것뿐만 아니라 가장 어두운 진실을 자신만의 방식으로 말하는 것도 가능하다는 것을 깨닫게 되는 노래."

— 스티븐 워즈워스, 연출가

(처음부터)
베르디, 오페라 〈맥베스〉 중 '여기 아직도 핏자국이'
소프라노: 마리아 칼라스

20세기 최대의
환승연애 스캔들

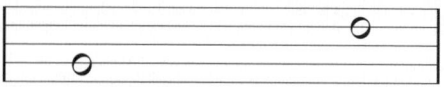

'선박왕' '희대의 부자'로 알려진 이 사람의 퍼스트 네임은 뭘까. 바로 아리스토텔레스다. 게다가 중간 이름은 소크라테스. 아리스토텔레스 소크라테스 오나시스의 요트에 그리스 혈통의 마리아 칼라스가 올라탄 것은 운명적이었다.

오나시스는 배 두 척으로 시작해 항공사와 선박 회사를 이끈 데 이어 정치와 경제까지 움직이는 갑부가 된 사연을 칼라스에게 그리스어로 들려줬다. 칼라스는 여기에서 매력을 느꼈다. 오페라 무대에서 노래만 하던 칼라스가 진짜 세상의 이야기를 들었던 순간이다. 돈은 많아도 문화적 자본이 없었던 오나시스에게 문화계의 여왕인 칼라스는 좋은 먹잇감이었다.

칼라스는 미국 국적을 포기하고 첫 남편과 헤어지면서까지 오나시스와 결혼을 준비했다. 그러나 오나시스는 진심이 아니었다. 처음에는 재클린 케네디의 여동생을 배에 태우고, 그 다음에는 재클린에게 접근했다. 존 F 케네디의 암살 5년 후 그는 결국 재클린과의 결혼에 성공했다.

오나시스는 요즘 말로 하면 '환승 연애'의 달인이었다. 재클린과의 신혼여행지에서도 칼라스에게 전화를 걸었고, 파리의 집으로도 찾아갔다. 칼라스는 그때마다 흔들렸고 그의 목소리도 그랬다. 결국 "지친 말(馬)이 부르는 노래 같다"는 식의 혹평도 쌓여 갔다.

사실 칼라스의 쇠퇴는 오나시스와 크루즈 여행을 하기 전부터 예견됐다. 1958년엔 이탈리아 대통령이 관람하던 로마 공연에서 최악의 노래를 했다가 결국 청중을 중간에 돌려보냈을 때부터다. 무대 위의 프리마돈나를 넘어 사교계의 디바로 올라서며 노래보다는 파티에 집착했던 결과였다. 오나시스도 거기에서 만났고, 그 파괴적인 관계가 몰락을 가속화했다.

오페라의 역사를 바꾼 칼라스의 전성기는 결과적으로 무척 짧았다. 이탈리아 베로나에서 혜성처럼 떠오른 1946년부터 로마의 떠들썩한 공연 취소까지 불과 12년이었다.

루치아노 파바로티

뭐가 이렇게 쉬워?

ⓒ워너 뮤직

노래를 부르기 위해, 그것도 높은음을 내기 위해 특별히 만들어진 사람이 아닐까? 루치아노 파바로티의 노래를 들으면 이런 생각을 하게 되죠.

그런데 다음 영상을 보시면 꼭 그렇지도 않을 수 있다는 생각도 하게 됩니다. 벨리니 오페라 〈청교도〉 중에서 '오 사랑하는 그대에게'라는 노래인데요.

(2분 57초부터)
벨리니, 오페라 〈청교도〉 중 '오 사랑하는 그대에게'
테너: 루치아노 파바로티

들으신 부분은 테너들에게 넘지 못할 산인 하이 C보다도 반음 높은 하이 C#입니다. 피아노 건반에 앉았을 때 중심이 되는 '도'음이 C4인데 거기에서 한 옥타브 올라간 건반이 C5, 즉 하이 C입니다. 여기에서 파바로티의 별명이 떠오르죠. '하이 C의 제왕'입니다. 아무도 따라잡지 못할 이 별명으로 불렸던 그였습니다.

그런데 1969년, 그의 경력 초창기에 들어본 이 고음은 어땠나요? 물론 실황 녹음이기 때문에 약간의 불안함이 있을 수밖에 없었지만 그렇다 해도 실망스러운 고음이었죠! 특히 전성기 시절 짱짱한 레이저 빛처럼 귓속으로 파고들어와 찔러 대는 파바로티의 고음에 비하면 흔들리고 찢어지는 이상한 고음이었습니다.

영국의 그라모폰지는 이 69년의 파바로티 〈청교도〉 녹음에 대해 "당시 그의 노래를 들은 사람들 중 일부는 고개를 절레절레 흔들었을 것이고, 노래 선생님들 중 누구도 그의 경력이 길어질 것이라고는 예상하지 못했을 것"이라고 했습니다. 이 글을 2017년 썼던 그라모폰의 필자도 알고 있었겠지만, 파바로티는 당연히 세계 최고의 테너로 올라섰습니다.

클래식 업계에서 가장 많은 음반(스리 테너 음반)을 판매해 기네스북에 올랐고, 가장 많은 커튼콜(165회)을 기록해 기네스북에 올랐습니다. 2000년이 되기 전에 이미 10만 달러(약 1억 원) 이상의 개런티를 받았던 것으로 알려진 슈퍼스타였죠.

그를 그렇게 만든 건 무엇보다도 청명한 고음이었죠. 거기까지 가는 길은 어땠을까요. 초창기에 다소 불안했던 그 소리에서 어떻게 그 매끈한 높은음에 이르게 됐을까요.

파바로티의 자료를 찾아보면, '횡격막'에 대한 언급을 많이 볼 수 있습니다. 물론 노래하는 사람들이 지극한 관심을 기울이는 신체 부위이긴 하지만요, 어쩌면 파바로티의 금빛 목소리의 비결 중 많은 부분이 횡격막에서 풀릴 것 같습니다. 그는 이렇게 말합니다. "나도 소프라노 조앤 서덜랜드를 만나면서 그녀가 횡격막을 제어하며 노래하는 것을 배우게 됐다." 유머러스하기로 유명한 그는 또 이런 비유를 했습니다. "어린아이를 생각해보라, 밤새 울지만 목소리가 쉬지 않는다. 그것도 한 음으로만 우는데 말이다!" 여기에서 그는 아이들이 횡격막을 이용해 내는 소리를 참고했다고, 또 후배 가수들에게 참고하라고 이야기하고 있습니다.

파바로티 대담

결국 파바로티는 이 무시무시한 고음을 내게 됩니다. 파바로티를 이야기하면서 안 들을 수가 없는 도니제티 〈연대의 딸〉 중 '아 친구들이여, 오늘은 좋은 날'입니다. 여기에서 바로 하이 C가 아홉 번 나오는 부분을 들어보겠습니다.

파바로티를 단숨에 스타로 만든 공연이 1972년 〈연대의 딸〉이었습니다. 그는 메트로폴리탄 오페라에서 이 아홉 번의 하이 C를 정확하게 소화해냈습니다.

하이 C를 내는 테너가 파바로티뿐인 것은 아닙니다. 이 음을 가성이 아닌 흉성을 이용해 부른 최초의 테너는 1831년 프랑스의 길버트 루이 뒤프레즈라는 기록도 있습니다. 그만큼 오랫동안 불려온 하이 C이지만 파바로티에게만 '제왕'의 칭호가 붙었습니다. 왜일까요? 아마도 파바로티가 이 음을 가장 '안 힘들게' 부르기 때문

아닐까요? 한번 들어보겠습니다. 1980년의 녹음입니다.

(5분 50초부터)
도니체티, 오페라 〈연대의 딸〉 중
'아 친구들이여, 오늘은 좋은 날'
테너: 루치아노 파바로티

파바로티는 기본적으로 부드럽고 가벼운 소리를 가지고 있습니다. '덩치는 크지만 목소리는 크지 않다'는 유명한 말처럼, 엄청나게 대포처럼 쏘아대는 성량의 성악가는 아니었습니다. 그래서 데뷔 초창기에는 오랫동안 몇몇 배역을 거절했다고 하죠. 베르디 오페라 〈일 트로바토레〉의 만리코, 〈아이다〉의 라다메스 같은 역할은 맡지 않았습니다. 하지만 1961년 데뷔 작품이었던 〈라보엠〉의 로돌포 역은 부드럽고 싱싱한 파바로티의 소리에 아주 잘 맞았습니다.

그의 고음 또한 자신의 소리에서 벗어나지 않으면서 품질을 유지하죠. 사뿐하게, 음악적으로, 정확한 음정을 찍는 자연스러운 고음입니다. 똑같은 음높이를 낸다고 해도 '제왕'의 칭호는 단 한 사람에게만 붙었던 까닭을 알 수 있습니다.

이탈리아 노래를 가장 잘하는 이탈리아 사람

그런데 이렇게 한 시대의 아이콘이 된 파바로티에게 거의 없는 것이 있습니다. 바로 프랑스 오페라입니다. 비제 〈카르멘〉 정도를 제외하고는 그의 오페라 목록에 없습니다. 게다가 독일 오페라는 아예 부르지 않았습니다. 그는 오로지 이탈리아어로 된 이탈리아 오페라에 매진했던 성악가입니다. 그것도 원어민 중에서도 돋보이는 이탈리아어에 대한 감각으로 말이죠.

생각해 보면 전 세계가 열광했던 스리 테너 중 파바로티는 유일한 이탈리아인입니다. 플라시도 도밍고와 호세 카레라스는 스페인 사람들이죠. 오페라의 발상지이자 가장 묵직한 오페라 작곡가들을 배출한 이탈리아인데 오페라의 산업을 훑어보면 빛나는 이탈리아 테너가 생각보다 많지 않습니다. 베냐마노 질리, 주세페 디 스테파노, 카를로 베르곤지 정도죠. 그 고고한 전통의 자존심의 정점에 파바로티가 있다고 할 수 있습니다.

그리고 이탈리아어를 아는 사람들은 그가 이 언어를 처리하는 방식에 매혹당하고 맙니다. 단지 정확하기 때문이 아니고, 이탈리아어의 음악적 표현 때문이죠. 정확한 발음이 음악적으로 부드럽게 이어지는, 그러니까 완벽함과 매력의 예술적 절충이 파바로티의 이탈리아어 노래라고 할 수 있습니다.

오페라 전문가인 유형종은 그의 책에서 파바로티의 〈기욤 텔〉을 들어봐야 한다고 했습니다. "이탈리아어를 맛깔스럽게 꼭꼭 씹어 숙성시킨 다음에 내뱉는 모범사례"라고 하는 파바로티의 〈기욤 텔〉을 들어보겠습니다.

참을 수 없는 스타성

어떤 예술가들은 참으로 지적입니다. 사회와 역사에 관심이 많고, 간혹 과학이나 수학 또는 더 복잡한 지적 활동에 대한 이해를 보여 주고는 하죠.

파바로티는 전혀 이런 쪽이 아니었습니다. 그는 감각적이었고, 행복을 추구하고, 꼭 어린아이 같은 사람이었습니다. 악보를 볼 줄 모른다는 소문이 무성했을 정도였죠. 비교를 해보면 플라시도 도밍 고는 이름(Domingo)에서 도(Do)를 빼고 밍고(Mingo)라는 별명으 로 불렸다고 합니다. 하이 C, 즉 '도(Do)' 음을 낼 줄 몰랐기 때문이 라는 거죠. 그만큼 파바로티에 비해 소리의 축복을 받지는 못했던 성악가였지만 굉장히 지적이고 끊임없이 공부하고 연구하는 예술 가로 이미지를 굳혔습니다. 너무나 대조적이게도 파바로티는 식은 죽 먹듯 하이 C를 내질렀지만 그런 지성의 이미지는 전혀 없었죠.

그는 토크쇼에 출연했고, 에로 영화도 로맨틱 영화도 아닌 얄 궂은 작품 '예스 조르지오'(1982)에 출연하면서 맹비난을 받기도 했 습니다. 경기장에 수만 명을 모아놓고 마이크를 최대 볼륨으로 써

가면서 노래했고요, 스파이스 걸스를 비롯한 각종 팝 가수와 함께 노래하면서 오페라 가수로서의 금기를 다 깨버렸습니다.

스캔들은 좀 많았나요. 조강지처를 버리고 28세 연하의 비서와 결혼을 하고, 체중이 너무 많이 늘어 1998년 뉴욕의 〈투란도트〉무대에서는 혼자 계단을 오르내릴 수 없어 부축을 받아야 했죠.

결과가 어땠는지 우리가 잘 알죠. 다시는 없을 대스타의 탄생이었습니다. 오페라의 사회적 역사적인 맥락을 잘 파악해 노래하는 것 같지는 않았지만 누구보다 음악적이었고 사람들의 마음에 직관적으로 가서 닿았습니다.

처음에는 무거운 배역을 피했지만 1970년대 중반부터 레퍼토리를 확장, 이탈리아어로 된 거의 모든 오페라를 섭렵했습니다. 파바로티의 이런 기세는 오페라 팬층을 확실히 두텁게 했습니다. 파바로티의 음반 판매량은 1억 장으로 기록됐죠.

그는 인터뷰에서 이런 말을 한 적이 있었습니다. "내가 노래를 시작했던 1961년에 사람들은 오페라가 더 이상 인기가 없으니 서둘러야 한다고 했다. 하지만 첫 번째 '라이브 프롬 더 메트'가 방송된 다음 날 사람들이 길거리에서 나를 멈춰 세웠다." 메트로폴리탄 오페라의 TV 방영 프로그램에 나간 후 스타가 됐던 순간에 대한 기억이었습니다. 파바로티는 대중과 접점이 넓었고, 그 접점을 즐길 줄 알았죠. 그리고 오페라라는 장르 자체가 파바로티의 덕을 봤습니다.

"우연히 라디오를 켰을 때 흘러나와도 파바로티라는 걸 바로 알 수 있다." 이 또한 파바로티가 했던 말입니다. 파바로티의 매력은 이런 대체 불가함, 도무지 고뇌하거나 어려워하지 않는 것 같으면서 이뤄내는 완벽함이었습니다. 그의 별세 이후, 독보적인 대스타가 주는 즐거움의 빈자리가 너무 큽니다. 파바로티의 공식적인 마지막 무대의 노래를 들어보겠습니다.

(처음부터)

푸치니, 오페라 〈투란도트〉 중 '아무도 잠들지 마라'

테너: 루치아노 파바로티

파바로티의 생애

1935년	출생
1961년	레지오 에밀리아 시립 극장 데뷔
1963년	런던 데뷔, 음반사 데카 계약
1965년	밀라노·미국 데뷔
1972년	뉴욕 메트로폴리탄에서 커튼콜 17회 기록
1980년	파바로티 성악 콩쿠르 개최
1990년	로마 월드컵에서 스리 테너 공연
1993년	'파바로티와 친구들' 공연 시작
1994년	LA 월드컵 스리 테너 공연
2003년	전 비서와 결혼, 딸 알리체 출생
2004년	뉴욕 〈토스카〉로 마지막 오페라 출연
2006년	2월 토리노 동계올림픽에서 마지막 무대
2006년	7월 췌장암 진단
2007년	모데나에서 사망

파바로티의
장례식 취재기

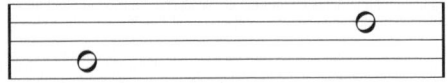

2007년 가을, 나는 이탈리아 토스카나에 있었다. 테너 안드레아 보첼리와 인터뷰를 하기 위해서였다. 햇살이 아름다웠던 그의 집에서 인터뷰를 마치고 밀라노로 이동했던 9월 6일, 파바로티의 타계 소식을 들었다. 파바로티의 고향이자 마지막 거처였던 모데나까지는 기차로 1시간 남짓 걸렸다. 시간이 없었기 때문에 택시를 잡아 타고 바로 모데나로 떠났다.

거대했던 광장이 떠오른다. 장례식이 열릴 성당의 앞에는 넓은 광장이 있었고 사람들은 여기에 의자와 테이블을 놓고 앉아 시간을 보내고 있었다. 광장에 설치된 스피커에서는 파바로티의 노래가 계속해서 흘러나오고 있었다. 그 노래에 맞춰 새들이 날아다녔다.

파바로티는 생전의 모습처럼 오른손에 흰 천을 들고 관 속에

누워있었다. 그런 그와 인사하기 위해 사람들의 줄이 광장을 휘감고 돌고 돌았다. 파바로티가 가장 좋아했던 해바라기가 그의 곁에 놓였고, 당시 네 살이었던 딸 알리체의 그림이 그의 머리맡에 놓였다. 그를 덮은 붉은 천에는 황금색 높은음자리표가 새겨졌다.

인구 18만의 도시에 10만 명의 추모객이 찾아왔다. 호텔 방은 동이 났고 레코드점의 파바로티 음반도 남은 것이 없었다. 시내 상점 유리창에는 파바로티의 사진과 '잘 가오, 루치아노(Ciao, Luciano)' '거장이여 안녕히(Addio, Maestro)'라고 쓴 초록색 종이가 여기저기 붙어 있었다.

그는 자신의 장례식이 밝은 분위기에서 치러지길 원했다. 식이 시작될 때 이탈리아 국기와 모데나의 휘장을 들고 들어온 이들은 그가 가장 좋아했던 축구팀 유벤투스의 선수들이었다.

모데나 시민들은 자신들의 상징을 잃었다고 여겼다. 거기에서 만난 한 사람의 말이 기억난다. "모데나의 자랑은 셋이었다. 토르텔리니(파스타의 일종)와 명품 자동차 페라리, 그리고 파바로티인데 그중 하나를 보냈다."

장례식에는 음악이 풍성했다. 스피커에서는 그의 대표곡인, 푸치니 오페라 〈투란도트〉의 아리아 '아무도 잠들지 마라'의 하이라이트 부분이 흘러나왔다. 모차르트의 '아베 베룸 코르푸스(육신을 입은 예수를 찬양하는 종교음악)'도 장례식의 음악 중 하나였다. 파바로티와 가깝게 지냈던 음악적 동료, 안드레아 보첼리의 노래였다.

눈과 귀로 느끼는 음악가들의 이야기

더 클래식

초판 1쇄   2024년 10월 30일
　　2쇄   2024년 11월 20일

지은이	김호정
발행인	박장희
대표이사 겸 제작총괄	정철근
본부장	이정아
편집장	조한별
책임편집	이상민
기획위원	박정호
마케팅	김주희 이현지 한륜아
디자인	여만엽
발행처	중앙일보에스(주)
주소	(03909) 서울시 마포구 상암산로 48-6
등록	2008년 1월 25일 제2014-000178호
문의	jbooks@joongang.co.kr
홈페이지	jbooks.joins.com
네이버 포스트	post.naver.com/joongangbooks
인스타그램	@j__books

ISBN 978-89-278-1325-5 03670